Wolfgang Reumuth, Jahrgang 1942, hat Latein, Französisch, Italienisch und Spanisch am Gymnasium unterrichtet. Außerdem war er
einige Jahre Lehrbeauftragter für Italienisch an der Universität Hei-
delberg und Dozent an der Volkshochschule Mannheim.

Er ist Autor mehrerer Grammatiken zu verschiedenen romanischen
Sprachen, die er in Zusammenarbeit mit Prof. Dr. Otto Winkelmann
verfasst hat. Alle diese Werke sind im gottfried egert verlag, Wil-
helmsfeld, erschienen.

Im Verlag tredition hat er 2016 *Sammelsurium für Sprachenfreaks*,
2017 *Übungen zum italienischen Wortschatz* und 2019 *Übungen
zum deutschen Wortschatz* veröffentlicht.

Das vorliegende Werk *Übungen zu den italienischen Präpositionen* ist für fortgeschrittene Lernende konzipiert, die Sicherheit im Gebrauch der Präpositionen erlangen wollen.

Das Werk besteht aus 2 Teilen: Der 1. Teil enthält hauptsächlich Einsetz- und Substitutionsübungen, der 2. Teil bietet, nach Präpositionen geordnet, deutsche Einzelsätze zum Übersetzen ins Italienische.

Die Lösungen aller Übungen befinden sich im Anhang.

Für die sorgfältige Durchsicht des Werkes danke ich Antonietta und Franco Iatì sowie Gemma Sciandrone.

Eine ausführliche Darstellung der italienischen Präpositionen findet sich in:
Praktische Grammatik der italienischen Sprache
von Wolfgang Reumuth und Otto Winkelmann, erschienen im gottfried egert verlag, 8. Auflage 2016.

Mannheim, im Januar 2020   Wolfgang Reumuth

Wolfgang Reumuth

Übungen
zu den
italienischen Präpositionen

© 2020 Wolfgang Reumuth

Umschlag: Thomas Reumuth

Verlag: tredition GmbH, Hamburg

ISBN: 978-3-347-00986-8 (Paperback)
ISBN: 978-3-347-00988-2 (e-Book)

Inhalt

1. Teil: Gemischte Übungen

2. Teil: Wiedergabe der deutschen Präpositionen im Italienischen

1. Teil

1. **Lokale Angaben:**

1. Abito ……… via Garibaldi.

2. Dove vai? – Vado ……… bar.

3. Lampedusa si trova ……… Mar Mediterraneo.

4. Domani andiamo ……… zoo.

5. Il nonno è stato ricoverato ……… ospedale.

6. Devo andare ……… pasticceria.

7. Abbiamo comprato una casa ……… periferia.

8. Oggi preferisco stare ……… casa.

9. Abitiamo ……… stessa casa.

10. Mio cugino va ……… liceo Dante Alighieri.

11. Stasera vado ……… palestra.

12. Vogliamo andare ……… cinema.

13. Devo essere ……… ufficio alle nove.

14. Stasera andiamo ……… un concerto.

15. La nonna porta il nipotino ……… asilo.

16. Mio padre sta lavorando ……… giardino.

17. ……… quale piano abiti?

18. Devo andare ……… banca.

19. Andiamo ……… ristorante *Garda*.

20. Ci ritroviamo sempre ……… questo bar.

21. Pranziamo sempre ……… stesso ristorante.

22. Mi piace andare ……… museo.

23. Dobbiamo rientrare ……… aula.

24. Vieni con noi ……… piscina?

25. Metti il latte ……… frigorifero, altrimenti va a male.

26. Ci siamo sposati ……… municipio.

27. Il ministro è stato ricoverato ……… ospedale San Raffaele.

28. ……… prima elementare i bambini cominciano a scrivere le prime frasi.

29. ……… campagne spesso i contadini vendono direttamente frutta e verdura ai consumatori.

30. Mi piace andare ……… campeggio.

31. Quest'anno passeremo le vacanze ……… montagna.

32. Abito ……… circa duecento metri ……… qui.

33. Il vestito esposto ……… vetrina mi piace molto.

34. Insegno italiano ……… un liceo.

35. Gli attori devono essere ……… teatro per le dieci.

36. La mamma è ……… cucina a preparare la cena.

37. Devo andare ……… posta.

38. Perché non ti siedi ……… poltrona?

39. Abbiamo cenato ……… balcone.

40. Abbiamo fatto colazione ……… terrazza.

41. Mario lavora ……… distributore di benzina.

42. Devo andare ……… ufficio postale.

43. ……… finestra ho visto il ladro entrare ……… casa.

44. Il ministro è ritornato ……… Brasile.

45. I bambini stanno giocando ……… cortile.

46. I ragazzi si sono arrampicati ……… albero.

47. Mia moglie è tornata ……… parrucchiere.

48. L'armadio non passa ……… porta.

49. L'isola di Malta si trova ……… sud dell'Italia.

50. La polizia è arrivata presto ……… luogo dell'incidente.

51. Lewandowski gioca ……… Bayern.

52.   .... tram bisogna reggersi ai sostegni per non cadere.

53.   Di regola mangio .... mensa scolastica.

54.   L'hanno interrogato .... commissariato.

55.   Abbiamo trascorso le vacanze .... Adriatico.

56.   Sono andato .... questura per sporgere denuncia.

57.   I bambini giocano .... spiaggia.

58.   Devo andare .... comune.

59.   La fede nuziale si porta .... anulare della mano sinistra.

60.   .... negozio c'erano cinque persone.

61.   Il ragazzo aveva lividi .... tutto il corpo.

62.   Hai parcheggiato la macchina .... divieto sosta.

63.   .... pista da ballo c'è troppa gente.

64.   Devo andare .... biblioteca.

65.   Le anatre migrano .... sud.

66.   Ci siamo fermati ...... strada a prendere un rinfresco.

67.   Il Milan gioca .... trasferta.

68.   Questo era il primo tiro .... rete.

69.   Verona è situata .... rive dell'Adige.

70.   Devo andare .... farmacia.

71.   Stasera vado .... palestra.

72.   La mamma è .... bagno.

73.   In autunno andiamo col nonno ...... bosco a raccogliere i funghi.

74.   La nostra squadra non ha mai vinto .... terreno avversario.

75.   Vado a raccogliere i fagiolini .... orto.

76.   I visitatori stanno aspettando .... corridoio.

77.   La ragazza si è lanciata .... settimo piano di un palazzone romano.

78..   L'ho visto .... cortile dell'ospedale.

79. Le finestre guardano .... cortile.

80. La mamma sta stendendo il bucato .... terrazza.

81. Mi piacerebbe vivere .... un'isola.

82. Vado a sedermi .... veranda.

83. Mia moglie è andata .... parrucchiere.

84. È stato un fallo di mano .... area (di rigore).

85. Sono .... Bari.

86. Vengo .... Milano.

87. A che ora esci .... ufficio?

88. Nella mia classe c'è una ragazza oriunda .... Portogallo.

89. A che ora esci .... casa?

90. .... quale binario parte l'intercity?

91. L'ho visto uscire .... casa di Angela.

92. Devi attraversare .... strisce pedonali/zebre.

93. La fidanzata del mio collega è straniera, ma non so .... che paese.

94. Anna è uscita .... negozio con due pacchi.

95. Il panda è un animale originario .... Cina.

96. La notizia della morte dell'attrice è .... prima pagina.

97. Mio fratello si è trasferito .... Piemonte da due anni.

98. La violenza .... stadi è un problema di difficile soluzione.

99. Ieri i nostri vicini sono tornati .... Israele.

100. Dove sono i miei occhiali? Li hai visti .... qualche parte?

101. Le indossatrici presentano i loro modelli sfilando .... passerella.

102. .... bordo della piscina ci sono sdraio e ombrelloni.

103. Questa finestre dà .... parco.

104. Avevo lasciato la macchina ……… seconda fila.

105. Angelina è caduta ……… terra.

106. Stasera non c'è molta gente ……… giro ……… le strade.

107. A che ora siete arrivati ……… destinazione?

108. Il panino lo mangio ……… strada.

109. Vado ……… chiesa ogni domenica.

110. Il padre di Marco lavora ……… fabbrica.

111. I miei cugini abitano ……… Nord.

112. L'ho visto salire ……… pullman.

113. Il fulmine si è abbattuto ……… campanile.

114. C'è stato un incidente ……… autostrada Firenze-Bologna.

115. L'aereo prosegue ……… Milano.

116. La nostra scuola si trova ……… periferia del paese.

117. Mi piace andare ……… scuola materna.

118. I genitori l'hanno mandato ……… collegio.

119. La macchina rallentò e andò a fermarsi ……… ciglio della strada.

120. La porta finestra si apre ……… un piccolo giardino.

121. Si devono lasciare le borse ……… atrio.

122. Devo scendere ……… cantina a prendere del vino.

123. C'entriamo tutti ……… ascensore?

124. ……… asilo nido vengono accolti bambini che hanno un'età compresa tra i tre mesi e i tre anni.

125. Il tennis può essere praticato anche ……… prato.

126. Mi entra ……… un orecchio e mi esce ……… altro.

127. Il nostro mezzofondista è stato superato poco ……… traguardo.

128. Vado un momento ……… edicola a comprare il giornale.

129. Preferisco comprare ……… negozio.

130. Conserviamo ……… soffitta alcuni cartoni di libri che non ci

servono più.

131. L'aspirapolvere si trova .... ripostiglio.

132. Si accomodi .... sala d'attesa, per favore!

133. Il passaggio .... il tunnel non è possibile.

134. Il cavallo è scappato .... recinto.

135. Non c'è vita .... Marte.

136. A Lisa piace camminare .... la pioggia.

137. Compri spesso .... internet?

138. Accomodatevi .... sala da pranzo!

139. Il vescovo celebra la messa .... duomo.

140. .... il fiume stavano seduti molti pescatori con la canna.

141. Ieri abbiamo passeggiato .... parco.

142. Lo sport era molto praticato .... Grecia antica.

143. .... Villa Borghese, ... Roma, c'è un grande giardino zoologico.

144. Il Po nasce .... Monviso.

145. Il concerto d'organo si terrà .... duomo di Monza.

146. Michele è gia tornato .... scuola.

147. Ho un appuntamento .... dentista.

148. Silvia è uscita .... casa da mezz'ora.

149. Perché non sei venuto .... lezione?

2. Temporale Angaben:

1. .... principio è stato difficile, poi ci siamo abituati alla nuova situazione.

2. .... stesso tempo si è messo a piovere.

3. Richiamerò .... mattinata.

4. Devo consegnare la tesina .... venerdì.

5. .... il consolato di Cicerone fu scoperta la congiura di Catilina.

6. Lo sfidante è andato k.o. .... terzo round.

7. .... autunno .... anno scorso ho fatto un viaggio .... dieci giorni ad Amalfi.

8. Siamo arrivati .... far del giorno.

9. La lavatrice fa molto rumore quando è .... funzione.

10. .... quindici giorni partiamo per la Spagna.

11. La guerra dei trent'anni durò .... 1618 .... 1648.

12. I nonni sono arrivati .... tre .... pomeriggio.

13. Abitiamo qui .... sempre.

14. Siamo partiti .... spuntar del sole.

15. .... una settimana iniziano le vacanze.

16. L'affresco è .... 1321.

17. .... bisogno devi riscrivere la lettera.

18. Mia moglie deve arrivare .... un momento .... altro.

19. Ci vedremo .... metà agosto.

20. Tua cugina ha telefonato poco ....

21. da consumarsi preferibilmente 17.5.2021

22. Ci vediamo .... pomeriggio.

23. Mio nonno si alza sempre .... buon mattino.

24. Non l'ho vista .... tutta la giornata.

25. .... estate molti italiani passano le vacanze in montagna.

26. .... cena bevo un aperitivo.

27. Ero contrario a quel progetto .... inizio.

28. .... le vacanze, abbiamo fatto alcune gite con gli amici.

29. .... secoli, ... XVII secolo, si è creduto che il sole ruotasse attorno alla terra.

30. L'autista del camion, ... l'incidente, era introvabile.

31. Rimanete in classe .... mio ritorno.

32. Che cosa farete .... Natale?

33. La scuola inizia .... settembre.

34. .... carnevale ogni scherzo vale.

35. Sono sempre nervosa .... esame.

36. .... Pentecoste saremo a Creta.

37. Lui arriva sempre .... cose fatte.

38. Speriamo di arrivare .... tempo per la partita.

39. L'arrivo della zia è previsto .... le otto.

40. L'idraulico è arrivato .... otto .... punto.

41. .... pomeriggio faccio un sonnellino.

3. Kausale und modale Angaben:

1. Ci siamo cambiati .... svelta.

2. Lavoro in un'azienda .... conduzione familiare.

3. I documenti sono .... regola.

4. .... che punto sono le indagini?

5. Il computer è .... standby.

6. Il violino è uno strumento .... corda.

7. Il rapinatore è stato catturato e ora vedrà il sole .... scacchi.

8. Abbiamo avuto la nostra casa .... un agente immobiliare.

9. Le fragole costano tre euro .... cestino.

10. Certi prendono la macchina .... abitudine, anche se devono fare pochi passi.

11. Il ciclista è morto .... colpo.

12. Mi hanno assunto .... prova.

13. L'impiegato mi ha guardato dritto .... occhi.

14. Amo la vita .... aperto.

15. Il mio collega è ancora .... malattia.

16. È stato condannato .... guida in stato di ebbrezza.

17. Pago sempre .... contanti.

18. I bambini crescono .... fretta.

19. Piove .... dirotto.

20. Il padre di Mario è a Londra .... lavoro.

21. Lavoriamo .... cottimo.

22. Tu fai tutto .... malavoglia.

23. Ero così stanca .... non stare in piedi.

24. Di solito il mio maestro è .... buon umore.

25. Una delle mie colleghe mi ha raccontato tutto .... filo e .... segno.

26. Il nostro è un liceo .... due indirizzi.

27. Dormo sempre .... fianco.

28. Il mio medico è molto .... gamba.

29. Il tuo collega bisogna trattarlo .... guanti.

30. Bisogna andare .... piedi di piombo.

31. Elena ha passato l'esame .... pieni voti.

32. Ci serve un armadio .... tre ante.

33. Sandro va a scuola .... il pulmino scolastico.

34. È un lavoro fatto .... piedi.

35. Ho studiato il russo .... libri.

36. Ci furono applausi .... non finire.

37. Abbiamo vinto .... uno .... zero.

38. L'hanno ucciso .... sangue freddo.

39. Racconta quello che ti è successo, ma non partire .... Adamo ed Eva.

40. Ci sono stati applausi .... scena aperta.

41. È una strada .... senso unico.

42. Ce la fai .... sola?

43. Dobbiamo imparare questa poesia .... memoria.

44. È uno scherzo .... bassa lega.

45. Il nonno ha avuto un'intossicazione .... cibo.

46. Questo è un dizionario .... facile consultazione.

47. L'ho contattata .... Skype.

48. La partita verrà trasmessa .... televisione

49. L'Alto Adige è una regione .... statuto speciale.

50. Dopo l'incidente Luigi cammina .... le stampelle.

51. Mi reggo .... stento in piedi.

52. L'hanno licenziato .... due piedi.

53. La mamma mi ha preparato .... corsa qualcosa da mangiare.

54. .... regola mi alzo presto al mattino.

55. È un edificio .... quattro piani.

56. Il maestro, paziente come .... solito, ci ha spiegato il problema .... nuovo.

57. Mettetevi .... fila .... quattro.

58. In quell'osteria si mangia bene, ma quanto all' igiene è meglio non guardare troppo .... il sottile.

59. Ho fatto tutto .... il suo volere.

60. Il deputato è stato processato .... falsa testimonianza.

61. Un signore si teneva la pancia .... il troppo ridere.

62. Mi piacciono gli gnocchi fatti .... casa.

63. La nonna prende il nipotino .... braccio.

64. Siamo andati a Venezia .... pullman.

65. Mi piacciono le caramelle .... menta.

66. L'automobilista era .... shock.

67. Sono qui .... turismo.

68. Abbiamo fatto Torino-Firenze .... una tirata.

69. Vado a scuola .... bicicletta.

70. Non ho mai viaggiato .... autostop.

71. Ognuno paga .... conto suo.

72. L'industria è .... ripresa.

73. Piove .... catinelle.

74. La BMW mi ha preso .... pieno.

75. Ci pagano .... ore.

76. Gli affari vanno .... meraviglia.

77. So il francese solo .... livello scolastico.

78. Il ragazzo si gettò .... capofitto nell'acqua.

79. Non si era messa .... amore con Luigi ma .... interesse.

80. La Sardegna è .... la maggior parte collinosa o montuosa.

81. La polizia l'ha colto .... sorpresa.

82. Hai chiuso .... chiave?

83. L'attore è stato fermato dalla polizia .... eccesso di velocità e guida in stato di ubriachezza.

84. La mia è una scuola .... tempo pieno.

85. Il nostro riscaldamento funziona .... metano.

86. La professoressa di matematica è assente .... malattia.

87. Una giustificazione .... genere non la posso accettare.

88. La conversazione è registrata .... velocità normale.

89. L'esame mi ha dato .... filo .... torcere.

90. È stato un pranzo .... fiocchi.

91. Gli uomini si prendono .... la gola.

92. Nostro figlio ha superato l'esame .... malapena.

93. L'Ufficio d'igiene ha chiuso il ristorante .... gravi carenze igieniche.

94. Ho preparato la torta all'arancia .... la ricetta della nonna.

95. Il ragazzo è sceso dalle scale .... rotta .... collo.

96. Bere .... garganella significa: bere senza accostare le labbra.

97. Il romanzo va letto .... chiave psicoanalitica.

98. Faccia pure .... comodo!

99. Sono tornati .... mani vuote.

100. I miei genitori non lo vedono .... buon occhio.

101. Si tratta di un test .... risposte multiple.

102. Traducete le espressioni stampate .... corsivo.

103. Abbiamo vinto .... misura.

104. Ho ricevuto un contratto .... tempo indeterminato.

105. Gli alunni hanno risposto .... coro.

4. Gemischte Fälle:

1. Non voglio mettere .... rischio il mio posto di lavoro.

2. Questa gonna l'ho comprata .... saldi.

3. Ho dato un morso .... mela.

4. .... miei occhi è un mascalzone.

5. Mi devo esercitare .... violino.

6. Che cosa c'è stasera .... televisione?

7. Mettete la frase .... discorso indiretto.

8. Hai messo il vino .... fresco?

9. Un giovanotto è venuto .... mio aiuto

10. Ho trovato un messaggio .... segreteria telefonica.

11. Chiamami .... cellulare.

12. Si calmi. Sto facendo .... mio meglio.

13. Il prefisso .... Venezia è lo 041.

14. Mi dispiace .... te.

15. La notizia è .... tutti i giornali nazionali.

16. .... rumore il bambino si svegliò spaventato.

17. Sto male .... serio.

18. Mio marito è spesso .... viaggio .... affari.

19. .... quanto pare non conosce una parola .... tedesco.

20. La finestra .... mio studio dà .... strada.

21. Il freno .... mano non funziona.

22. Mario ha una forza .... comune.

23. Questa è una statua .... bronzo.

24. .... gelato preferirei un bicchiere di vino bianco.

25. Lisa è uscita .... prima.

26. L'età minima .... poter votare è .... 18 anni.

27. Senti, oggi non ci sono .... nessuno.

28. È troppo bello .... essere vero.

29. Lo stato italiano si è formato .... 1861 .... la proclamazione .... regno .... Italia, che univa .... il re piemontese molti piccoli stati prima independenti.

30. Stiamo .... pensiero .... nostro figlio.

31. .... me e mio fratello corrono quattro anni.

32. Si è tenuta una conferenza .... buco .... ozono.

33. Il tasso .... disoccupazione è aumentato .... 1,6 .... cento.

34. .... colazione c'è pane tostato .... burro e marmellata.

35. Questa è una via .... uscita.

36. La minigonna è di nuovo .... voga.

37. La minigonna è tornata .... moda.

38. I rapporti .... lui e Silvia sono diventati molto freddi.

39. Mio fratello si è trasferito .... Milano .... lavoro.

40. Avevo dimenticato .... chiudere la porta .... me.

41. .... gli avvertimenti e le minacce, il testimone si era presentato .... tribunale .... deporre.

42. La realizzazione .... progetto risultò più difficile .... previsto.

43. Silvia, questo ragazzo non fa .... te.

44. La mamma ha steso la biancheria .... asciugare.

45. Il nonno stenta .... camminare.

46. Davide è andato .... passeggio .... la sua ragazza.

47. .... Italia centro-meridionale, ... indicare azioni .... passato, viene usato .... prevalenza il passato remoto, mentre .... Italia settentrionale si usa, ... genere, il passato prossimo.

48. Questo gel combatte la pelle .... buccia .... arancia.

49. Nessun quadro è più conosciuto .... *Gioconda* .... Leonardo.

50. Non bisogna scherzare .... fuoco.

51. Ci vedo poco .... quest'occhio.

52. La polizia sta investigando .... morte del ministro.

53. .... ecografia risulta, ... la gioia .... madre, che nasceranno due gemelli maschi.

54. Sono .... arretrato .... l'affitto.

55. L'ubriaco è stato arrestato .... oltraggio .... pubblico ufficiale.

56. Abbiamo un guasto .... motore.

57. Mi sono chiuso fuori. Chissà se potrò entrare .... balcone?

58. La scuola deve educare .... spirito democratico, ... tolleranza, ... non-violenza, ... rispetto .... opinioni altrui.

59. Ieri ho stipulato un'assicurazione .... vita.

60. I cinesi costruirono la Grande Muraglia .... protezione .... regno .... invasioni straniere.

61. Il capo rise, piantandosi le mani .... fianchi.

62. Il nonno è andato .... funghi.

63. La polizia ha fatto luce .... questo caso.

64. Quella ragazza si è messa .... una cattiva strada.

65. La strada .... inferno è lastricata .... buone intenzioni.

66. La bulimia è un disturbo psichico che è caratterizzato .... timore .... ingrassare.

67. Loro sono .... vantaggio .... noi.

68. Chi è quel signore .... capelli brizzolati?

69. I veri amici si contano .... dita .... una mano.

70 Il Rinascimento è il periodo .... storia italiana compreso .... la prima metà .... 1400 e la fine ....1500, caratterizzato soprattutto .... un grande sviluppo .... arti e .... cultura.

71. .... l'anniversario .... matrimonio ho regalato .... mia moglie un paio .... orecchini .... oro.

72. La mamma mi ha comprato un uovo .... la sorpresa.

73. Anna non sta mai attenta .... classe. Sembra che abbia la testa .... le nuvole.

74. Abbiamo trovato la casa .... un'agenzia immobiliare.

75. Ho visto un uomo andare .... giro .... costume adamitico.

76. La cena mi è rimasta .... stomaco.

77. Il suo numero .... telefono l'ho trovato .... guida telefonica.

78. La loro storia .... amore è .... bocca .... tutti.

79. I film .... orrore non mi piacciono.

80. Il portiere ha deviato il tiro .... angolo.

81. Mi piace essere .... contatto .... la natura.

82. Il gol è stato annullato .... fuorigioco.

83. La situazione è cambiata .... peggio.

84. I.V.A è l'acronimo .... imposta .... valore aggiunto.

85. Se vai .... gita, ricordati .... mettere .... zaino la borraccia.

86. Cercherò .... venirLe incontro .... il prezzo.

87. Siamo .... minoranza.

88. Questo atteggiamento .... passiva sottomissione e rifiuto .... collaborare .... le forze .... ordine e .... giustizia si chiama *omertà*.

89. Non conosco il motivo .... cui Mario si è separato .... sua moglie.

90. Nessuno se n'era accorto, ... Angelo.

91. Il dermatologo è specializzato .... cura .... malattie .... pelle.

92. Dopo una lunga discussione sono venuti .... mani.

93. Non ho più un soldo. Sono .... verde.

94. Mia sorella, imbarazzata, arrossì .... il complimento.

95. Quando si sbadiglia, si mette la mano .... bocca.

96. Quel bambino ha sempre il sorriso .... labbra.

97. Suo marito fuma una sigaretta .... l'altra.

98. Il ristorante è .... completo.

99. Il padre portava il bambino .... spalle.

100. Le ricerche della polizia si trovano .... un vicolo cieco.

101. Stiamo cercando una ragazza .... pari.

102. I cibi grassi sono dannosi .... salute.

103. Si arriva .... castello .... una strada .... salita.

104. Tre volanti .... polizia sono arrivate .... gran velocità .... luogo .... quale si è svolta la rapina.

105. Sono convinto che Luigi l'ha fatto .... proposito.

106. La mia amica si era portata dietro troppa roba .... la gita .... montagna.

107. Il deputato temeva .... la sua carriera politica.

108. Nessuno lo sa .... preciso.

109. Domani andiamo .... gita scolastica.

110. .... poco più .... venti anni Michelangelo aveva già fatto lavori .... grande valore, ... cui la stupenda pietà che oggi si trova .... San Pietro .... Roma.

111. Non mi do ancora .... vinto.

112. Mio cugino è stato fermato .... polizia .... aver sorpassato......... la linea continua.

113. Tuo padre è sempre stato corretto .... me.

114. Mio fratello si è messo .... proprio.

115. .... fine anno si espongono .... bacheca i risultati .... esami.

116. La nonna è .... fin .... vita.

117. Peccato, il libro è .... commercio.

118. Smettila di tirare su .... naso!

119. .... compito fate gli esercizi tre e quattro.

120. Marco va .... ripetizione .... tedesco.

121. .... primo giro era .... testa.

122. .... le comete, la più nota è quella di Halley.

123. Che cosa regali a tua sorella .... Natale?

124. La Lombardia deriva il proprio nome .... Longobardi che abitarono .... regione .... la caduta .... impero

romano.

125. L'esame è stato meno difficile .... previsto.

126. Aspetto una conferma .... banca.

127. Quella pettinatura non ti dona .... niente.

128. Questi sono atteggiamenti .... divo.

129. Non so ancora che cosa cucinare oggi .... pranzo.

130. .... tempi antichi la gente usava bracieri per riscaldarsi .... casa .... l'inverno.

131. Sandro ha molto successo .... le ragazze.

132. Ero così intenta .... leggere .... non sentire il telefono che squillava.

133. La rivolta è stata soffocata .... nascere.

134. Abbiamo chiesto .... insegnante .... inglese .... non assegnare compiti .... il week-end.

135. .... gli indiani .... America, i bambini imparavano la maggior parte .... cose .... esperienza diretta.

136. Lo so .... fonte sicura

137. Fate l'esercizio .... quaderno.

138. Silvio è rimasto .... benzina .... autostrada.

139. .... facoltà .... medicina c'è il numero chiuso.

140. .... qualche anno .... la zona era completamente isolata.

141. Marco è superiore a suo fratello .... intelligenza.

142. .... la tradizione, San Gennaro sarebbe nato .... Napoli .... seconda metà .... III secolo.

143. .... lavori .... corso la strada è interrotta .... due chilometri.

144. Abbiamo acconsentito alla proposta .... sentimenti contrastanti.

145. Ci siamo messi d'accordo .... via amichevole.

146. Oggi è piovuto più forte .... ieri.

147. Guardiamo .... futuro .... ottimismo.

148. I medici l'hanno dato .... perduto.

149. Piangendo, mia sorella entrò .... camera mia.

5. Ergänzen Sie mit *di* / *da* (+ Kontraktionsformen):

1. .... dove sei?

2. A Perugia ci sono studenti .... tutto il mondo.

3. .... dove venite?

4. Questi sono i miei parenti .... Bergamo.

5. .... poco mia cognata è stata dimessa .... ospedale.

6. .... lui c'è .... aspettarsi .... tutto.

7. Non glielo leva .... testa nessuno.

8. Ti porto i saluti .... miei genitori.

9. L'ho visto .... lontano.

10. Mario è un uomo .... poche parole.

11. La macchina è uscita .... strada.

12. Come fa .... cognome?

13. Sua moglie ha un vitino .... vespa.

14. Esci .... qua!.

15. .... accento sembra francese.

16. Dove sono le chiavi .... macchina?

17. La conosco solo .... vista.

18. Non l'ho visto .... vicino.

19. Questo gelato è .... produzione propria.

20. Non trovo le chiavi .... casa.

21. L'ho perso .... vista.

22. Secondo me, la relazione tra due persone .... carattere tanto

diverso non può durare.

23. È una macchina .... seconda mano.

24. La pittura parla .... sé.

25. La signora .... terzo piano è molto gentile.

26. Secondo le ultime stime lo stress .... lavoro è in aumento.

27. Domani vengono i nostri amici .... Pavia.

28. L'abito .... sera .... Elena era elegantissimo.

29. Questa cintura è .... pantaloni neri.

30. Tutte le parole che escono in -zione sono .... genere femminile.

31. Siamo arrivati .... Milano.

32. Questa parola deriva .... greco.

33. Queste scarpe sono passate .... moda.

34. Il bicchiere mi è scivolato .... mano.

35. Non bisogna giudicare le persone .... aspetto.

36. .... sala .... pranzo i ladri asportarono molta argenteria .... tavola.

37. La camera .... letto è .... venti metri quadrati.

38. Il campanile fu colpito .... un fulmine.

39. .... nascita sono austriaco.

40. Siamo solo .... passaggio.

41. Le camicie sono stirate .... fresco.

42. Che cosa vuoi fare .... grande?

43. L'ho pagato......... tasca mia.

44. Questo cavallo .... corsa è costato 200.000 euro.

45. Il nonno ha avuto un'intossicazione .... cibo.

46. Ho cercato .... spiegarglielo, ma lei ha fatto orecchi .... mercante.

47. L'ungherese è molto difficile .... imparare perché si distingue nettamente .... altre lingue europee.

48. Si ricorda .... me? - ...... viso, sì, ma mi sfugge il suo nome.

49. Hai fatto molti progressi .... ultima volta che ci siamo visti.

50. Mi hai tolto la parola .... bocca.

51. Mio cugino ha un negozio .... articoli .... regalo.

52. Vorrei due pizze .... portar via.

53. Qual è il Suo nome .... ragazza?

54. Mi dia per favore un gelato .... tre euro.

6. Setzen Sie die passenden Präpositionalausdrücke ein:

a base di – accanto a – con l'aiuto di – a causa di – in cerca di – in cima a – nei confronti di (2) – su consiglio di – contrario a – a differenza di – ad eccezione di – a favore di – fin da – in fondo a – di fronte a – a furia di – nel giro di – grazie a – all' interno di – ai margini di – per mezzo di – in occasione di – oltre a – in onore di – a partire da (2) – in preda a (2) – a proposito di – a richiesta di – rispetto a (2) – a scapito di – a seconda di – in seguito a – ai sensi di – al di sotto di – a spese di – invece di - in riva a (2) – alla vigilia di – alla volta di

1. .... anno passato il fatturato è calato del 2 per cento.

2. L'unità d'Italia è stata fatta .... Sud.

3. La popolazione soffre .... embargo

4. Fermati .... scale.

5. Il tempo di cottura varia anche .... quantità.

6. .... chiedere, è riuscito ad avere quello che desiderava.

7. Abbiamo campeggiato .... fiume.

8. Esistono ancor oggi numerosi pregiudizi e discriminazioni .... donna lavoratrice.

9. Troppe persone vivono .... soglia di povertà.

10. .... voi, noi ci atteniamo alle regole.

11. Le origini del Palio di Siena risalgono al 1200, quando si facevano, ... Madonna Assunta, corse di cavalli per le vie della città.

12. Ci conosciamo .... elementari.

13. La nonna era .... una visibile angoscia.

14. Perché sei così diffidente .... tua collega?

15. Questi partiti sono .... libero mercato.

16. Sono partiti .... Udine.

17. .... italiano, parlo inglese e francese.

18. Gli immigrati sono .... una vita migliore.

19. I suoi genitori hanno una casa .... mare.

20. .... esami Renzo era .... panico.

21. .... oggi mi metto a studiare di più.

22. .... questa difficoltà si è perso d'animo.

23. Si tratta di una dieta .... frutta e verdura.

24. I risultati sono .... alle nostre aspettative.

25. Troppe persone vivono .... società.

26. Sono venute tutte le ragazze, ... Rosa.

27. .... aiuto di mio zio, ho superato l'esame.

28. L'attore è morto .... un infarto.

29. I responsabili hanno agito .... legge.

30. Lo stadio si trova .... città.

31. Ho avuto questa notizia .... un amico.

32. Spesso l'aumento di quantità di un prodotto va .... qualità.

33. .... carote prendo il cavolfiore.

34. Il glossario si trova .... libro.

35. Leggi .... riga 12.

36. .... vacanze, dove andiamo quest'anno?

37. Ho ricevuto questo dipinto .... mia nomina a direttore.

38. La pizzeria si trova .... posta.

39. Mio marito ha smesso di fumare .... medico.

40. Lo spettacolo sarà replicato .... pubblico.

41. Ce l'ho fatta .... miei genitori.

42. All'inizio dell'anno Suo figllio non era molto bravo in matematica. Però .... tre mesi ha fatto passi da gigante.

43. .... suo padre Mario è molto più alto.

7. Ersetzen Sie das Adverb durch einen Präpositionalausdruck:

Beispiel: precisamente – con precisione

1. prevalentemente ....
2. indubbiamente ....
3. improvvisamente ....
4. raramente ....
5. telefonicamente ....
6. perfettamente ....
7. regolarmente ....
8. sicuramente ....
9. effettivamente ....
10. frequentemente ....
11. elegantemente ....

12.	continuamente	....
13.	tirannicamente	....
14.	euforicamente	....
15.	eroicamente	....
16.	apparentemente	....
17.	chiaramente	....
18.	affettuosamente	....
19.	illegalmente	....
20.	letteralmente	....
21.	scherzosamente	....
22.	personalmente	....
23.	specialmente	....
24.	oralmente	....
25.	fortunatamente	....
26.	cautamente	....
27.	dettagliatamente	....

8. Übersetzen Sie die Adverbien mit einem Präpositional- ausdruck:

Beispiel: Dieser Junge stört ständig. – Questo ragazzo disturba in continuazione.

1. Diese Nachricht wurde exclusiv von *Le Monde* gemeldet.

2. Meine Eltern gehen selten dorthin.

3. Ausnahmsweise könnt ihr eine Stunde früher gehen.

4. Der Angeklagte hatte sich die Waffe illegal beschafft.

5. Plötzlich läutet das Telefon.

6. Diesen Satz kann man nicht wörtlich übersetzen.

7. Meine Kollegin spricht diese Sprache perfekt.

8.   Schreib bitte leserlich!

9.   Man muss mit diesem Porzellangeschirr vorsichtig umgehen.

10.   Der Vorschlag wurde einstimmig gebilligt.

9. Ersetzen Sie die kursiv gedruckten Präpositionen durch ein Synonym:

1.   *Dirimpetto alla* chiesa c'è un bar.

2.   *Malgrado* la pioggia, andiamo in gita.

3.   Ho parcheggiato la macchina *dinanzi al* teatro.

4.   Erano presenti tutti *meno* mia sorella.

5.   Il nostro stadio si trova *al di là del* fiume.

6.   *A forza di* fumare, si è rovinato la salute.

7.   Tuo padre è sempre gentile *con* me.

8.   Ho trovato lavoro *tramite* un'inserzione sul giornale.

9.   Domani partiamo *alla volta di* Firenze.

10.   Mio padre lavora *alla* Fiat.

11.   Nostro figlio è *in cerca di* un lavoro.

12.   *A dispetto di tutte le previsioni*, la nostra squadra ha vinto il torneo.

10. Ersetzen Sie die kursiv gedruckten Präpositionen/ präpositionalen Fügungen durch ein Antonym:

1.   *Davanti alla* nostra scuola c'è un parcheggio.

2.   Il dizionario è *sopra* il tavolo.

3.   Lo stadio si trova *al di qua del* fiume.

4.   Abitiamo *vicino a* Udine.

5.   Il nostro vagone si trova *in testa al* treno.

6.   Sono due gradi *sotto* zero.

7.   Questa frase si trova *alla fine del* terzo capitolo.

8.   Sei arrivato *dopo di* me.

9.   L'ho trovato *in mezzo alla* strada.

10.   Ci andiamo *con* lui.

11. Fügen Sie die passenden Präpositionen ein:

> a (5), da, di (7), dopo, durante, in (2), per (2), sotto, tra

Cesare prigioniero dei pirati

Quando era ancora giovane, Cesare desiderando .... (1) perfezionarsi .... (2) arte oratoria, s'imbarcò .... (3) recarsi .... (4) Rodi, ... (5) studiarvi eloquenza .... (6) Apollonio Molone, famoso retore che fu maestro anche .... (7) Cicerone. .... (8) questo viaggio fu catturato .... (9) alcuni pirati. Narra Plutarco, storico greco autore .... (10) un celebre libro intitolato "Le vite parallele", che avendo quei pirati chiesto .... (11) Cesare .... (12) il suo riscatto la somma considerevole .... (13) 20 talenti, Cesare dichiarò che ne avrebbe dati 50, ma anche li minacciò, ... (14) il serio e lo scherzoso, ... (15) farli crocifiggere. I pirati risero .... (16) quelle parole, giudicandole una bravata; ma quando Cesare, ... (17) aver pagato il riscatto, ebbe ottenuto la libertà, radunata una piccola flotta e assoldati .... (18) marinai, diede la caccia .... (19) quei pirati, e, catturatili, li fece mettere .... (20) croce .... (21) Pergamo.

12. Fügen Sie die passenden Präpositionen ein:

> a (5), con (2), da (4), di (12), dinanzi a, dopo, in (6), per (3), senza, verso

Il Minotauro

C'era .... (1) Creta un mostro orribile e terribile, che aveva la testa .... (2) toro, il corpo .... (3) uomo e si cibava .... (4) carne umana: si chiamava Minotauro. Viveva rinchiuso .... (5) un edificio detto Labirinto, il quale era così intricato che chi vi entrava, non riusciva più .... (6) trovare la via .... (7) uscirne.

Gli Ateniesi essendo stati vinti .... (8) guerra .... (9) Minosse, re .... (10) Creta, dovevano mandargli tutti gli anni sette giovanotti e sette fanciulle, che venivano dati .... (11) pasto .... (12) Minotauro. Teseo, il valoroso figlio .... (13) Egeo, re .... (14) Atene, decise .... (15) liberare la patria .... (16) quell'odioso tributo. Partì .... (17) una nave .... (18) Creta, entrò .... (19) Labirinto e .... (20) non smarrirsi, segnò la via .... (21) il filo .... (22) un gomitolo avuto .... (23) dono .... (24) Arianna, figlia .... (25) re, la quale si era invaghita .... (26) lui. Giunto .... (27) Minotauro, ... (28) alcun timore lo affrontò e .... (29) un'aspra lotta lo uccise .... (30) colpi .... (31) clava. Poi, seguendo il filo .... (32) Arianna, riuscì .... (33) trovare la via .... (34) uscire .... (35) Labirinto e raggiunta la sua nave, tornò .... (36) patria.

13. dt. zusammengesetztes Substantiv – it. Substantiv + Präposition + Substantiv:

1. das Möbelgeschäft ....
2. das Schlafzimmer ....
3. die Handbremse ....
4. der Maskenball ....
5. der Arbeitsunfall ....

6.	der Anfängerkurs	....
7.	das Weinglas	....
8.	die Dosenmilch	....
9.	das Studentenwohnheim	....
10.	das Ozonloch	....
11.	die Einkommensteuer	....
12.	die Milchschokolade	....
13.	die Gartengeräte	....
14.	die Aktiengesellschaft	....
15.	die Visitenkarte	....
16.	die Pilzvergiftung	....
17.	das Überraschungsei	....
18.	die Reisetasche	....
19.	die Einbahnstraße	....
20.	die Bronzestatue	....
21.	das Wettrüsten	....
22.	der Motorschaden	....
23.	die Lebensversicherung	....
24.	das Halteverbot	....
25.	der Horrorfilm	....
26.	die Tanzfläche	....
27.	der Speisesaal	....
28.	der Meeresblick	....
29.	die Autoschlüssel	....
30.	die Haustür	....
31.	der Brustkrebs	....
32.	der Rentenanspruch	....
33.	das Hustenbonbon	....

34.   die Aufenthaltserlaubnis   ....

35.   der Lottogewinn   ....

36.   der Wachhund   ....

37.   die Preisliste   ....

38.   die Reinemachefrau   ....

39.   das Nachthemd   ....

40.   die Aufnahmeprüfung   ....

41.   die Akkordarbeit   ....

42.   die Zeitungsannonce   ....

43.   das Lehrerzimmer   ....

44.   die Vertretungsstunde   ....

45.   der Schlafsack   ....

46.   der Hausarzt   ....

47.   der Drogenhandel   ....

48.   die Badewanne   ....

49.   der Fortbildungskurs   ....

50.   der Rasierschaum   ....

51.   der Sicherheitsabstand   ....

52.   die Luftverschmutzung   ....

53.   das Bügeleisen   ....

54.   die Serienproduktion   ....

55.   die Stromrechnung   ....

56.   die Reisekosten   ....

14. Ergänzen Sie die Präpositionen:

1.   la caccia .... terroristi

2.   la vasca .... bagno

3.   l'attentato .... Borsellino

4. le chiavi .... appartamento

5. una guida .... monumenti di Roma

6. il problema .... disoccupazione

7. un contributo .... soluzione del problema

8. il treno .... sette

9. l'erede .... trono

10. un biglietto .... cinquanta euro

11. la lotta .... mafia

12. l'ingresso .... teatro

13. la fiducia .... Stato

14. uno specialista .... pediatria

15. la barca .... vela

16. il furto .... scasso

17. il raffreddore .... fieno

18. l'intossicazione .... alimenti

19. la tassa .... divorzi

20. la legge .... domanda e .... offerta

21. la conferenza .... disarmo

22. il compito .... classe

23. la legge .... droga

24. il conto .... banca

25. il cane .... caccia

26. la televisione .... cavo

27. la lista .... spesa

28. il cancro .... polmoni

29. il rapporto .... fiducia

30. il cortile .... scuola.

31. il mercato .... pulci

32. l'hockey .... ghiaccio

33. il costo .... vita

34. la tutela .... ambiente

35. l'inserimento .... società

36. la scuola .... tempo pieno

37. la visita .... castello

38. gli occhiali .... sole

39. la lente .... contatto

40. la causa .... incendio

41. la società .... consumi

42. il piatto .... giorno

43. l'ostello .... gioventù

44. le ore .... punta

45. il parcheggio .... pagamento

46. la buca .... lettere

47. la carta .... vini

48. il posto .... sedere

49. l'intolleranza .... glutine

50. la carta .... parati

51. la copia .... sicurezza

52. il tappo .... vite

53. l'accesso .... cantiere

54. la diarrea .... vomito

55. l'area .... servizio

56. il paese .... sviluppo

57. il cavallo .... dondolo

15. Subtantiv-Ergänzungen:

1. der Verzicht auf die Erbschaft ....
2. der Weg zum Erfolg ....
3. der Mangel an Erfahrung ....
4. der Grund für die Entlassung ....
5. das Bedürfnis nach Zärtlichkeit ....
6. die Liebe zur Natur ....
7. das Interesse an der Malerei ....
8. Fragen zum Text ....
9. der Druck auf die Arbeiter ....
10. die Gewalt unter Jugendlichen ....
11. der Kampf gegen die Mafia ....
12. ein Hindernis für den Fortschritt ....
13. der Überfall auf einen Touristen ....
14. ein Interview mit dem Sänger ....
15. das Recht auf Entschädigung ....
16. der Geruch nach Gas ....
17. der Gedanke an den Tod ....
18. der Wunsch nach Gerechtigkeit ....
19. die Angst vor dem Gewitter ....
20. der Aufruf zum Streik ....
21. der Kampf um das Überleben ....
22. die Zugehörigkeit zu einer Partei ....
23. die Hoffnung auf Besserung. ....
24. das Angebot an Parkplätzen ....
25. die Anstiftung zum Fremdenhass ....
26. die Armut an Rohstoffen ....
27. die Anwendung von Gewalt ....

28.   das Engagement für den Frieden ....

29.   der Respekt vor den Lehrern   ....

30.   Zweifel an der Rechtmäßikeit   ....

31.   eine Quittung über 200 Euro   ....

32.   die Allergie gegen Katzenhaare ....

33.   die Ausnahme von der Regel   ....

34.   der Beweis für seine Unschuld ....

35.   die Beziehung zu den Großeltern ....

36.   die Bereitschaft zur Versöhnung ....

37.   die Kontrolle über das Fahrzeug ....

38.   die Vorräte an Lebensmitteln   ....

39.   die Alternative zu dieser Lösung ....

40.   die Aussicht auf Erfolg   ....

41.   die Begabung für Musik   ....

42.   der Hang zum Konsum   ....

43.   der Beitritt zu dieser Organisation ....

44.   der Ausschluss aus der Partei ....

45.   die Beschäftigung mit Literatur ....

46.   die Abhängigkeit vom Alkohol ....

47.   die Begeisterung für den Fußball ....

48.   die Hingabe an die Arbeit   ....

49.   die Zuneigung zur Oma   ....

50.   die Antipathie gegen den Chef ....

51.   die Anspielung auf seine Sucht ....

52.   die Zustimmung zum Verkauf ....

53.   die Einladung zur Einweihung ....

54.   die Teilnahme am Ausflug ....

55.   der Einwand gegen den Vorschlag ....

56. ein Verstoß gegen die Verkehrs- ....
ordnung

57. der Eintritt ins Museum   ....

16. Adjektive + Substantiv-Ergänzungen:

1. Silvia è molto affezionata .... nonna.

2. Marco è portato .... le lingue.

3. La mia collega è stata assente .... lavoro per due settimane.

4. Sono golosa .... cioccolatini.

5. Quella signora è affetta .... un brutto male.

6. Mio zio è sempre pronto .... scherzo.

7. Mio nonno è zoppo .... gamba destra.

8. È una famiglia formata .... tre persone.

9. Rossana è orfana .... madre.

10. L'opera è composta .... tre volumi.

11. Mia figlia è delicata .... stomaco.

12. Paolo è molto diverso .... suo fratello.

13. Giuseppe è geloso .... sua sorellina.

14. Perché sei invidioso .... Roberto?

15. Economicamente siamo dipendenti .... nostri genitori.

16. L'impresa è stata coronata .... successo.

17. Angela è tutta dedita .... studio della letteratura latina.

18. Il purè è giusto .... sale?

19. Il vestito di Maria è simile .... mio.

20. Quel ragazzo ha un'intelligenza superiore .... media.

21. Suo marito è debole .... carattere.

22. L'albergo è lontano .... qui.

23. Questa zona è soggetta .... molti allagamenti.

24. Mio cugino è esente .... servizio militare.

25. I bambini sono bisognosi .... affetto.

26. È un'azione degna .... lode.

27. Angelo è debole .... latino.

28 Siamo felici .... esito del processo.

29. Firenze è una città ricca .... opere d'arte.

30. Finalmente siamo liberi .... preoccupazioni.

31. Questa dichiarazione è tipica .... suo modo di pensare.

32. Sono stanca .... tue bugie!

33. Il mio vicino è oriundo .... Palermo.

34. La famiglia è piena .... debiti.

35. Il ragazzo è colpevole .... furto.

36. Tuo cugino è bravo .... parole, ma non .... fatti.

37. È un paese povero .... materie prime.

38. Mio figlio è veramente negato .... la matematica.

39. Mia moglie è incinta .... sette mesi.

40. Il camion era carico .... pietrame.

41. Ne ho abbastanza .... sue bugie!

42. Il parlamento italiano è costituito ...... Camera e ...... Senato.

43. Il nostro quartiere è ben servito .... mezzi pubblici.

44. Il bagno è rivestito .... piastrelle.

45. Secondo me sei troppo impaziente .... tua figlia.

46. Mio zio è malato .... cuore.

47. L'alcol è dannoso .... salute.

48. Non sono pratico .... Torino.

49. È un albergo dotato .... ogni comodità.

50. Sono favorevole .... questa proposta.

51. Questo lago è zeppo .... pesce.

52. Giovanni è gentile .... tutti.

53. Questa frase è priva .... senso.

54. Il mio amico è separato .... sua moglie.

55. Il sindaco è coinvolto .... un delitto.

56. Annibale era avido .... gloria.

17. Adjektive + Infinitiv-Ergänzungen:

1. Quel progetto è destinato .... fallire.

2. Siamo pronti .... partire.

3. Sono stufo .... ripetere sempre le stesse cose.

4. Non sono capace .... leggere la tua scrittura.

5. Siamo decisi .... vendere la casa.

6. Maria è stata proprio fortunata .... ritrovare i soldi.

7. Sei stato stupido .... rifiutare l'offerta.

8. Mario è bravo .... giocare a scacchi.

9. La nonna era intenta .... lavorare a maglia.

10. Buono .... sapersi.

11. Ci sentiamo obbligati .... aiutarla.

12. State attenti .... non rovinare i libri.

13. È convinta .... aver ragione.

14. Siamo curiosi .... sapere se ce la farà.

15. Sono lontano .... pensare una cosa simile.

16. Sei libero .... fare ciò che vuoi.

17. Tua figlia è proprio degna .... ricevere quel premio.

18. Sei stata furba .... rispondere così.

19. Sono contenta .... aver superato l'esame.

20. Ero sicuro .... aver chiuso la finestra.

21. La nostra società è orientata .... produrre e ....

consumare continuamente.

22. Antonella è triste .... aver perso il suo orecchino d'oro.

23. Siamo impazienti .... poter partire per le vacanze.

24. Sono lieto .... conoscerla.

25. Sono abituato .... alzarmi presto.

26. Davide è orgoglioso .... aver ricevuto il primo premio.

27. Angelo è incapace .... condurre una relazione.

28. Il nonno era impegnato .... tagliare l'erba.

18. **Übersetzen Sie (Adjektive + Präpositionalergänzung):**

1. Wir sind mit den Ergenissen zufrieden.

2. Mario ist zu allen freundlich.

3. Seine Schwester war verrückt vor Freude.

4. Rauchen ist für die Gesundheit schädlich.

5. Davide ist auf seine Schwester eifersüchtig.

6. Der Lastwagen war mit Holz beladen.

7. Silvios Vater war blind vor Zorn.

8. Diese Frucht ist reich an Vitaminen.

9. Die Reisegruppe ist zum Aufbruch bereit.

10. Warum bist du auf deinen Nachbarn neidisch?

11. Die Übersetzung ist voller Fehler.

12. Wer ist für den Unfall verantwortlich?

13. Meine Schwester ist gut in Mathematik.

14. Niemand ist frei von Vorurteilen.

15. Meine Eltern sind an dem Angebot interessiert.

16. Unser Gymnasium ist nach Giovanni Verga benannt.

17. Diese Verhalten ist eines Lehrers unwürdig.

18. Ich bin schlecht in Physik.

19. Diese Straße ist für den Verkehr gesperrt.

20. Die Fotokopie ist mit dem Original identisch.

21. Drei Politiker sind in diesen Skandal verwickelt.

22. Der Brief ist an meinen Opa adressiert.

23. Dieses Produkt ist typisch für unsere Gegend.

24. Meine Frau ist gegen Katzenhaare allergisch.

25. Massimo ist in Antonia verliebt.

26. Sie ist vom Leben enttäuscht.

27. Wir sind euch für eure Hilfe sehr dankbar.

28. Gute englische Sprachkenntnisse sind für diese Tätigkeit unerlässlich.

19. Wendungen:

1. Mia moglie ha i nervi .... pezzi.

2. Quell'impiegato mi è simpatico come il fumo .... occhi.

3. .... vedere tutti quei dolci, mi viene l'acquolina .... bocca.

4. Li hanno presi e li hanno messi .... fresco.

5. Quel tuo amico non mi va .... genio.

6. I prezzi salgono .... stelle.

7. Angelina è distaccata, sta sempre .... sue.

8. Ho una fame .... lupi.

9. Il suo nome ce l'ho .... punta .... lingua.

10. Mia figlia non stava .... pelle .... gioia.

11. Sandro è nato .... la camicia.

12. Chi ti ha messo la pulce .... orecchio?

13. La moglie di Silvio ha il pallino .... ordine.

14. La suocera è caduta .... nuvole.

15. Alluvioni e frane sono .... ordine .... giorno in Italia.

16. Il marito di Silvia si è fatto ...... sé, ha cominciato .... niente.

17.   Siamo tutti ……… stessa barca.

18.   Il nostro professore di matematica non sta ……… scherzo.

19.   Gli ascoltatori hanno riso ……… lacrime.

20.   Gli ha dato ……… cretino.

21.   Mia cognata ha i nervi ……… fior ……… pelle.

22.   Paghiamo sempre ……… romana.

23.   È antipatica; guarda tutti ……… alto ……… basso.

24.   La casa dei Mancuso è molto ……… mano.

25.   Vivi sempre ……… nuvole.

26.   Suo fratello mangia ……… due ganasce.

27.   Bisogna cogliere la palla ……… balzo.

28.   Questo vestito ti sta ……… pennello.

29.   Bisogna chiamare le cose ……… loro nome.

30.   Questa non è farina ……… tuo sacco.

31.   Questa vincita alla lotteria arriva come il cacio …… maccheroni.

32.   Mio cugino cerca sempre il pelo ……… uovo.

33.   La famiglia si toglie il pane ……… bocca per far studiare il figlio.

34.   Paolo e Mario sono amici ……… la pelle.

35.   Questa faccenda mi sta molto ……… cuore.

36.   Bisogna fare la tara ……… quel che dice.

37.   Il figlio del nostro vicino è giunto molto ……… alto.

38.   Dante Alighieri è considerato il Poeta ……… eccellenza.

39.   Questo professore è ancora ……… prime armi.

40.   Questo vino dà ……… testa.

41.   Abbiamo fatto colazione ……… sacco.

42,   Questo romanzo sta andando ……… ruba.

43.   Facciamo una croce ……… questa faccenda.

44.   È una scusa tirata ……… denti.

45.　　　Nostra figlia ci ha messi ……… fatto compiuto.

46.　　　Il collega ci ha dato ……… filo ……… torcere.

47.　　　Ho dormito ……… grossa.

48.　　　Mio zio è ……… manica larga.

49.　　　L'hanno preso ……… le mani ……… sacco.

50.　　　Mio marito non può fare ……… meno ……… fumare.

51.　　　Sono venuto a saperlo ……… vie traverse.

52.　　　Gli affari vanno ……… gonfie vele.

53.　　　Questa non è erba ……… tuo orto.

54.　　　Questa ragazza capisce tutto ……… volo.

55.　　　Stanno discutendo ……… sesso ……… angeli.

56.　　　Queste sono tutte promesse ……… marinaio.

57.　　　Lui si è fatto largo ……… spinte.

20. Sprichwörter

1.　　　……… caval(lo) donato non si guarda ……… bocca.

2.　　　Non c'è rosa ……… spine.

3.　　　Sfortunato ……… gioco, fortunato ……… amore.

4.　　　Moglie e buoi ……… paesi tuoi.

5.　　　……… notte tutti i gatti sono bigi.

6.　　　……… i due litiganti il terzo gode.

7.　　　……… il dire e il fare c'è ……… mezzo il mare.

8.　　　Chi fa ……… sé fa ……… tre.

9.　　　Non c'è due ……… tre.

10.　　　Bacco, tabacco e Venere riducono l'uomo ……… cenere.

11.　　　……… cuor non si comanda.

12.　　　Bisogna fare buon viso ……… cattivo gioco.

13.　　　La casa ……… contenti è ancora ……… fabbricare.

46

14. Non bisogna fare il passo più lungo ……… gamba.

15. Ciascuno ……… modo suo.

16. È inutile piangere ……… latte versato.

17. L'erba voglio non cresce neanche ……… giardino ……… re.

18. Tutti i nodi vengono ……… pettine.

19. ……… gridare non si ottiene nulla.

20. Sbaglia anche il prete ……… altare.

21. Piove sempre ……… bagnato.

22. ……… primo colpo non cade l'albero.

23. Chi bene comincia, è ……… metà ……… opera.

24. Non tutte le ciambelle riescono ……… buco.

25. Il pesce comincia a puzzare ……… capo.

26. ……… senno di poi sono piene le fosse.

27. Il mondo paga ……… ingratitudine.

28. L'ospite e il pesce, ……… tre dì rincresce.

21. Verben/Ausdrücke + Infinitiv-Ergänzung:

1. Il treno sta ……… partire.

2. Mi viene ……… starnutire.

3. Non potei fare a meno ……… ridere.

4. Faccio fatica ……… pronunciare questa parola.

5. I nostri vicini sono in procinto ……… cambiare casa.

6. Secondo me hai sbagliato ……… rifiutare quell'offerta.

7. Come si fa ……… dire una cosa del genere?

8. Hai ……… accendere?

9. Non riesco ……… concentrarmi con questo rumore.

10. Abbiamo fatto in tempo ……… prendere il treno.

11. Angelina non ha il coraggio ……… salire sulle montagne russe.

12. Mi diverto .... pattinare sul ghiaccio.

13. Hanno minacciato .... licenziarli.

14. Abbiamo la sensazione .... essere stati imbrogliati.

15. Comincia .... far freddo.

16. Finalmente è smesso .... piovere.

17. Quanto ci hai messo .... riparare a bicicletta?

18. Marco ha intenzione .... lasciare la moglie.

19. Mi sono astenuto .... rispondere a una domanda così sciocca.

20. Ci vuole poco .... farlo arrabbiare.

21. Smettila .... dire bugie!

22. Mio cugino bada solo .... divertirsi.

23. Tocca sempre a me .... sparecchiare.

24. È il tuo turno .... dare le carte.

25. Non vedo l'ora .... tornare a casa.

26. La fidanzata cerca .... non dare .... vedere la sua delusione.

27. La tua collega finge .... non conoscermi.

28. Vergognati .... comportarti così!

29. Il professore spinge gli studenti .... studiare di più.

30. Suo padre le aveva proibito .... andare in discoteca.

31. La difficoltà consiste .... trovare i lavoratori specializzati.

32. Che cosa l'ha indotta .... licenziarsi?

33. Ho difficoltà .... deglutire.

34. Mario si accorgerà presto .... aver commesso un gravissimo errore.

35. Ti auguro .... superare l'esame di guida.

36. Il medico ha dissuaso il nonno .... fare questo viaggio.

37. Il medico ha consigliato a mio marito .... operarsi.

38. Mettiti .... sedere e ascoltami.

39. La mamma è uscita .... fare la spesa.

40. La mia collega si è convinta .... aver torto.

41. Anziché rispondere si è limitata .... stringersi nelle spalle.

42. Il detective l'ha sorpresa .... rubare una boccetta di profumo.

43. Lo sospettano .... aver malversato i soldi.

44. Mi sono proposto .... imparare il russo.

45. Devo mettere i bambini .... dormire

46. Ieri ho provato .... chiamarti due volte, ma purtroppo non ti ho trovato.

47. Mi devo esercitare .... tradurre dal latino in italiano.

48. Mio marito si trovava .... passare di lì proprio mentre i rapinatori uscivano dalla banca.

49. Il loro figlio continua .... drogarsi

50. Il ragazzo ammette .... aver commesso il taccheggio.

51. La maestra l'ha ammonita .... comportarsi meglio.

52. Il dipendente ha riconosciuto .... avere sbagliato.

53. .... parlare me la cavo, ... scrivere non tanto.

54. Mi sono pentita .... averglielo detto.

55. Non si era accorto .... essere passato col rosso.

56. L'abbiamo persuaso .... venire con noi.

57. Mia sorella si è sempre guardata .... mangiare esageratamente.

58. Spero .... rivederla presto.

59. Faresti meglio .... restare a letto.

60. Scusi, ha .... cambiare?

61. Gli ho offerto .... bere.

62. Ti prego .... non dirlo a nessuno.

63. La maestra insegna ai bambini .... leggere e .... scrivere.

64. Che cosa ha spinto gli studenti .... scendere in piazza?

65. Mi sforzo .... fare del moto regolarmente.

66. Che ne dici .... prendere un aperitivo?

67. Hai sbagliato .... abbandonare gli studi.

68. Vedete .... essere puntuali domani.

69. L'imputato si ostina .... negare .... aver partecipato alla rapina in banca.

70. Evito .... cenare tardi.

71. Non sono riuscito ....trattenermi .... ridere.

72. Antonia s'illude .... essere più bella delle altre ragazze.

73. Mio cognato è venuto .... prendermi alla stazione.

74. L'imputato dice .... essere innocente.

75. I genitori le hanno sconsigliato .... sposare quell'uomo.

76. Il bel tempo invita .... uscire.

77. Il rapinatore costrinse il ragazzo .... dargli il cellulare.

78. Abbiamo deciso .... annullare la prenotazione.

79. Ricordati .... comprare il pane.

80. Gli scolari hanno promesso alla maestra .... comportarsi bene.

81. L'amica l'ha sconsigliata .... comprare quel cappotto.

22. Wählen Sie die korrekte Präposition:

1. Pensiamo a/di sposarci in maggio.

2. La nonna stenta di/a camminare.

3. Questa lingua è difficile da/di imparare.

4. Pensavo di/a non rivederti più.

5. Quanto ci hai messo a/di fare i compiti?

6. Abbiamo fatto a/in tempo a/di prendere il treno.

7. Hai pensato di/a comprare il pane?

8. Ho difficoltà di/a concentrarmi.

9. Mi sento obbligato a/di aiutarlo.

10. Ho cercato di/a convincerlo.

11. Hai provato di/a tradurre il testo?

12. Sono discussioni a/da non finire.

13. Sei stato stupido di/a fare una cosa del genere.

14. Come si può essere così stupidi di/da fare una cosa del genere?

15. Nostra figlia è abbastanza grande per/da/di decidere da sola.

16. Questo resta ancora di/da vedere.

17. Oggi fa un caldo a/di/da morire.

18. Silvio ha facilità di/a imparare le lingue.

19. Questo è un testo facile di/da capire.

20. C'è poco da/di ridere.

21. Saresti tanto gentile di/da darmi una mano?

22. Hai ragione a/di lamentarti.

23. Come faccio di/a saperlo?

24. Alla fine mio fratello si è convinto di/ad avere torto.

25. Bada di/a non inciampare!

26. Non ho alcun interesse di/a comprare quella casa.

27. I miei genitori mi hanno convinto di/a continuare gli studi.

23. Verben + Substantiv-Ergänzung:

1. La mia famiglia si compone .... cinque persone.

2. Ieri ho liberato il garage .... attrezzi da giardino.

3. Questo vino sa un po' .... aceto.

4. Non m'intendo ……… queste cose.

5. Qui puzza ……… benzina.

6. Nessuno è sopravvissuto ……… sciagura.

7. L'ho riconosciuta ……… lunghi capelli biondi.

8. Ti sei scusato ……… Angela?

9. Ho inciampato ……… un cavo.

10. ……… ragazzi non interessano queste cose.

11. Ci siamo congratulati ……… Davide ……… la sua promozione.

12. La discussione è degenerata ……… una lite.

13. Anna si è arrabbiata ……… Maria.

14. Stanno lavorando ……… costruzione del ponte.

15. Mario zoppica ……… latino.

16. La ragazza scoppiò ……… pianto

17. La casa odora ……… pesce.

18. Le finestre del mio studio s'affacciano ……… cortile.

19. Nonno, reggiti bene ……… ringhiera

20. Non mi sono ancora abituato ………questo clima umido.

21. ……… che cosa tratta questo libro?

22. Mangiando gli spaghetti la bambina si è schizzata ……… sugo.

23. La mafia ha adattato la sua attività ……… mutamenti economico-sociali della società.

24. Angela ha fatto domanda ……… una borsa di studio.

25. Perché si è separata ……… marito?

26. Bisogna attenersi ……… regole.

27. Non so ……… dove cominciare.

28. Nostra figlia si è laureata ……… lettere.

29. La polizia sospetta ……… marito.

30. Mi voglio congedare .... miei colleghi.

31. La polizia non crede più .... ipotesi del suicidio.

32. Smettila di impicciarti .... affari degli altri!

33. I colleghi hanno approfittato .... sua bontà.

34. Perché Marco è stato espulso .... scuola?

35. Mi sono lamentata .... collega .... il caporeparto.

36. Il nostro albergo dispone .... quarantacinque camere.

37. Il significato di questa parola si può facilmente dedurre ....
    contesto.

38. Domani vi interrogo .... vocaboli.

39. Perché hai mentito .... tuo professore?

40. .... lui avanzo ancora cinquanta euro.

41. La loro figlia è riuscita .... studi.

42. .... che cosa serve questo apparecchio?

43. Tre bambine si sono ammalate .... morbillo.

44. Da quando sono malato mi devo anche privare .... un
    bicchiere di vino.

45. L'Arno passa .... Firenze.

46. M'interesso .... fisica.

47. Cinzia manca .... scuola già da una settimana.

48. Mio nonno gode .... una buona pensione.

49. Ogni martedì mio padre va a giocare .... carte.

50. La polizia sospetta il marito .... omicidio.

51. La piazza si riempie .... gente.

52. Invidio Angela .... la sua bella voce.

53. Come il tuo capo ha reagito .... tuo suggerimento?

54. Secondo me partono .... presupposti sbagliati.

55. Non dubito .... sua buona volontà.

24. Übersetzung: Verben + Substantiv-Ergänzung

1. Ich gebe mich mit wenig zufrieden

2. Man hat auf den Minister geschossen.

3. Die Bevölkerung leidet an Hunger.

4. Warum hat Mama mit dir geschimpft?

5. Ich habe mich in die Schwester von Luigi verliebt.

6. Sie hat sich vor zwei Monaten von ihrem Verlobten getrennt.

7. Meiner Meinung nach müsstest du dich bei ihr entschuldigen.

8. Ich beneide meine Kollegin um ihre guten Englischkenntnisse.

9. Viele Studenten hängen finanziell von ihren Eltern ab.

10. Wartet auf meinen Bruder!

11. Du müsstest etwas mehr auf deine Gesundheit achten.

12. Ich habe mich über meinen Bruder geärgert.

13. Wir hoffen auf eine bessere Zukunft.

14. Die Prüfung besteht aus einer Übersetzung und einer Interpretation.

15. Wer kümmert sich um die Kinder?

16. Der Arzt hat ihr von dieser Reise abgeraten.

17. Ihr habt gegen das Gesetz verstoßen.

18. Glaubst du an Horoskope?

19. Ich interessiere mich für moderne Kunst.

20. Meine Kollegen haben mir zu meiner Beförderung gratuliert.

21. Entschuldigung, ich habe mich in der Tür geirrt.

22. Ich habe ihn um einen Gefallen gebeten.

23. In dem Text wimmelt es von Fehlern.

24. Ich will mich nicht in deine Angelegenheiten einmischen.

25. Lasst uns noch ein wenig bei diesem Problem verweilen!.

26. Ich muss mich auf die Englisch-Prüfung vorbereiten.

27. Ich habe sie an der Stimme erkannt.

28. Niemand wird ihn von seinem Entschluss abbringen können.

29. Ich bestehe auf der Korrektur der Rechnung.

30. Er wollte sich an seiner Ex-Frau rächen.

31. Erinnerst du dich an den Herrn mit den graumelierten Haaren?

32. Die Verbrecher wollten von dem Unternehmer 5 Millionen Euro erpressen.

33. Warum hast du ihn nicht zu deiner Party eingeladen?

34. Meine Oma ist an einer Lungenentzündung erkrankt.

35. Bei dieser Nachricht brach ihre Mutter in Tränen aus.

36. Wir freuen uns auf den Besuch der Großeltern.

37. Was hältst du von dieser Lösung?

38. Der Autor bezieht sich auf einen konkreten Fall.

39. Ich freue mich über den sehr schönen Ring.

40. Er ist nicht bereit, vom Amt des Bürgermeisters zurückzutreten.

41. Ich will nicht in euren Streit hineingezogen werden.

42. Wir werden über Ihren Vorschlag nachdenken.

43. Alle Mitarbeiter sind über die neuen Richtlinien informiert worden.

44. Sprichst du so mit deiner Mutter?

45. Ich habe sie an ihr Versprechen erinnert.

46. Entferne dich nicht zu sehr vom Ufer!

47. Alle müssen zum Gelingen des Festes beitragen.

48. Du musst dich an einen Spezialisten wenden.

49. Ich habe beschlossen, für den Vorsitz zu kandidieren.

50. Die Eltern hatten sie vor diesem Mann gewarnt.

51. Sie machen sich über ihn lustig.

52. Warum hast du nicht auf deine Eltern gehört?

53. Sie haben noch nicht auf mein Schreiben geantwortet.

54. Ihr Sohn nimmt aktiv am Unterricht teil.

55. Nach dem Skandal haben sich viele von ihm distanziert.

56. Ich habe mich über sein Verhalten gewundert.

25. LA CONQUISTA DELLA QUINTA C

Ergänzen Sie die fehlenden Präpositionen:

> a (29), con (12), contro (3), da (10), davanti a (3), da parte di, di (48), fino
> a, in (16), per (9), senza, sopra, su (7), tra

Avevo vent'anni, tenendo .... (1) tasca .... (2) petto la lettera
.... (3) nomina .... (4) maestro provvisorio, e .... (5) la tasca
la mano forte forte, tanta era la paura .... (6) perdere quella lettera
così sospirata, mi presentai .... (7) scuola indicata e chiesi .... (8)
Direttore.

Il cuore mi faceva balzi enormi.

« Chi sei? » mi domandò la segretaria. «.......... (9) quest'ora il signor
Direttore riceve solo gli insegnanti».

«So... sono appunto il nuovo maestro ... » dissi, e le feci vedere la
lettera.

La segretaria, gemendo, entrò .... (10) Direttore, il quale subito
dopo uscì, mi vide, si mise le mani .... (11) capelli.

«Ma che fanno» gridò, «.......... (12) Provveditorato? Mi mandano
un ragazzino quando ho bisogno .... (13) un uomo .... (14) grin-
ta, baffi e barba .... (15) Mangiafoco, capace .... (16) mettere
finalmente .... (17) posto quei quaranta diavoli scatenati! Un ragazzino, invece ... Ma questo appena lo vedono se lo mangiano! ».

Poi, comprendendo che quello era tutt'altro che il modo migliore
.... (18) incoraggiarmi, abbassò il tono .... (19) voce, mi sorrise,
e battendomi una mano .... (20) spalla:

«Avete vent'anni? » disse. «Ci credo, perché altrimenti non vi
avrebbero nominato; ma ne dimostrate sedici. Più che un maestro sem-
brate un alunno .... (21) quinta che abbia ripetuto parecchie volte. E
questo, non ve lo nascondo, mi preoccupa molto. Non sarà uno sbaglio
...... (22) Provveditorato? C'è proprio scritto Scuola "Dante Alighieri"? ».

«Ecco qui», dissi mostrando la lettera .... (23) nomina « Scuola "Dante Alighieri" ».

«Che Iddio ce la mandi buona! », esclamò il Direttore. «Sono ragazzi che nessuno, finora, è riuscito .... (24) domare. Quaranta diavoli, organizzati, armati, hanno un capo, si chiama Guerreschi; l'ultimo maestro, anziano, e conosciuto .... (25) la sua autorità, se n'è andato via ieri, piangendo, e ha chiesto il trasferimento ...».

Mi guardò .... (26) faccia, ... (27) sfiducia:

«Se aveste almeno i baffi ...» mormorò.

Feci un gesto, come .... (28) dire ch'era impossibile, non mi crescevano.

Alzò gli occhi .... (29) cielo: «Venite», disse. Percorremmo un lungo corridoio fiancheggiato .... (30) classi: quarta D, quinta A, quinta B ... quinta C ...

«È qui che dovete entrare», disse il Direttore fermandosi .... (31) porta della VC. Si udivano grida, crepitii .... (32) pallini .... (33) piombo .... (34) lavagna, spari .... (35) pistole .... (36) cento colpi, canti, rumore .... (37) banchi smossi e trascinati.

«Credo che costruiscano barricate», disse il Direttore.

Mi strinse forte un braccio, se n'andò .... (38) non vedere, e mi lasciò solo .... (39) porta della VC.

Aprii quella porta ed entrai.

Improvvisamente silenzio.

Ne approfittai .... (40) richiudere la porta e salire .... (41) cattedra. Seduti .... (42) banchi, forse sorpresi .... (43) mio aspetto giovanile, non sapendo ancora bene se fossi un ragazzo o maestro, quaranta ragazzi mi fissavano minacciosamente. Era il silenzio che precede le battaglie.

Di fuori era primavera; gli alberi .... (44) giardino avevano messo le prime foglioline verdi, e i rami, mossi .... (45) vento, carezzavano i vetri .... (46) finestre.

Strinsi i pugni, feci forza .... (47) me stesso .... (48) non dire niente: una sola parola avrebbe rotto l'incanto, e io dovevo aspettare, non precipitare gli avvenimenti.

I ragazzi mi fissavano, io li fissavo .... (49) mia volta come il domatore fissa i leoni, e immediatamente compresi che il capo, quel Guerreschi, ... (50) cui m'aveva parlato il Direttore, era il ragazzo .... (51) prima fila, – piccolissimo, testa rapata, due denti .... (52) meno, occhietti piccoli e feroci – che palleggiava .... (53) una mano .... (54) altra un' arancia e mi guardava la fronte.

Il momento era venuto.

Guerreschi mandò un grido, strinse l'arancia .... (55) destra, tirò indietro il braccio, lanciò il frutto, io scansai appena il capo, l'arancia s'infranse .... (56) mie spalle, ... (57) la parete. Primo scacco: forse era la prima volta che Guerreschi sbagliava un tiro .... (58) le arance.

Ma non era finita.

Inferocito, Guerreschi si drizzò .... (59) piedi e mi punto contro – caricata .... (60) palline .... (61) carta inzuppata .... (62) saliva – la sua fionda .... (63) elastico rosso.

Era il segnale: quasi contemporaneamente gli altri trentanove si drizzarono .... (64) piedi puntando .... (65) loro volta le fionde, ma .... (66) elastico comune, non rosso, perché quello era il colore .... (67) capo.

Il silenzio s'era fatto più forte, intenso.

Si udì .... (68) improvviso, ingigantito .... (69) silenzio, un ronzio: un moscone era entrato .... (70) classe, e quel moscone fu la mia salvezza. Vidi Guerreschi .... (71) un occhio guardare sempre me, ma .... (72) l'altro cercare il moscone, e gli altri fecero altrettanto, sino a che lo scoprirono, e io capii la lotta che si combatteva .... (73) quei cuori: il maestro o l'insetto?

Lo conoscevo bene il fascino .... (74) questo insetto: ero fresco .... (75) studi e neanch'io riuscivo ancora .... (76) rimanere completamente insensibile .... (77) vista .... (78) un moscone.

Improvvisamente dissi:

«Guerreschi», (il ragazzo sobbalzò meravigliato che io conoscessi il suo cognome), «ti sentiresti capace, ... (79) un colpo .... (80) fionda .... (81) abbattere quel moscone? »

«È il mio mestiere», rispose Guerreschi, ... (82) un sorriso.

Un mormorio corse .... (83) i compagni.

Le fionde puntate .... (84) me si abbassarono, e tutti gli occhi furono .... (85) Guerreschi che uscito .... (86) banco, prese .... (87) mira il moscone, lo seguì, la pallina .... (88) carta fece *den* .... (89) una lampadina, e il moscone, tranquillo, continuò .... (90) ronzare come un aeroplano.

«......... (91) la fionda! », dissi. Masticai .... (92) lungo un pezzo .... (93) carta, ne feci una palla e, ... (94) la fionda .... (95) Guerreschi presi, ... (96) mia volta, ... (97) mira il moscone.

La mia salvezza, il mio futuro prestigio, erano completamente affidati .... (98) quel colpo.

"Ricordati", dissi .... (99) me stesso, "......... (100) quando eri scolaro e nessuno ti superava .... (101) arte .... (102) colpire i mosconi".

Poi, ... (103) mano ferma, lasciai andare l'elastico: il ronzio cessò .... (104) colpo e il moscone cadde morto .... (105) miei piedi.

«La fionda .... (106) Guerreschi», dissi, tornando immediatamente .... (107) cattedra e mostrando l'elastico rosso, «è qui .... (108) mie mani. Ora aspetto le altre»..

Si levò un mormorio, ma più .... (109) ammirazione che .... (110) ostilità: e uno .... (111) uno, ... (112) capo chino, ... (113) il coraggio .... (114) sostenere il mio sguardo, i ragazzi sfilarono .... (115) cattedra, ... (116) quale, ... (117) breve, quaranta fionde si trovarono ammonticchiate.

Non commisi la debolezza .... (118) far vedere che assaporavo il trionfo. Calmo, calmo, come se nulla fosse avvenuto:

«Cominciamo .... (119) i verbi», dissi, «Guerreschi, ... (120) lavagna».

Gli detti il gesso:

«Io sono», cominciai ....(121) dettare, «tu sei, egli è ...».

E così .... (122) participio passato, mentre gli altri, buoni buoni, ricopiavano .... (123) quaderni, ... (124) bella calligrafia, quanto Guerreschi, capo vinto, andava scrivendo .... (125) lavagna.

E il Direttore?

Temendo forse, ... (126) insolito silenzio, ch'io fossi stato fatto prigioniero e imbavagliato .... (127) quaranta demoni, entrò .... (128) un certo punto, ... (129) classe, e fu un miracolo se riuscì .... (130) soffocare un grido .... (131) meraviglia.

Più tardi, usciti i ragazzi, mi domandò come avessi fatto, ma si dovette contentare .... (132) una risposta vaga:

«Sono entrato .... (133) loro simpatie, signor Direttore».

Non gli potevo dire che avevo ucciso un moscone .... (134) un colpo .... (135) fionda: ciò non rientrava .... (136) metodi scolastici previsti ....(137) teorie e .... (138) regolamenti: né il Lambruschini*, né l'Aporti*, né il Lombardo-Radice* accennano, ... (139) loro volumi .... (140) uccisione .... (141) mosconi .... (142) insegnanti.

*pedagogisti

Giovanni Mosca, Ricordi di scuola (Milano, Rizzoli, 1957), gekürzt.

2. Teil: Wiedergabe der deutschen Präpositionen im Italienischen

Kapitel 1 Die Präposition "an":

1. Sie müssen an der dritten Haltestelle aussteigen.
2. An diesem Abend war er betrunken.
3. Die Schule beginnt am 15. September.
4. Man muss den Hund an der Leine führen.
5. Was hast du am Wochenende gemacht?
6. Die Schlange an der Mautstelle beträgt zwei Kilometer.
7. Was ist nach dem Abendessen am Samstag passiert?
8. Das Kleid ist mir an den Schultern zu eng.
9. Ich habe den Schlüssel an der Rezeption abgegeben.
10. Was gefällt dir an der Schule nicht?
11. An deiner Stelle würde ich nicht mehr hingehen.
12. Überschwemmungen und Erdrutsche sind in Italien an der Tagesordung.
13. Wer ist an der Reihe?
14. Ich hatte Kopfschmerzen, weil ich am Abend zuvor zu viel getrunken hatte.
15. An den Wänden hingen Fotos von Florenz.
16. Was findest du an ihr?
17. Die Verkäuferin schien mir am Rande eines Nervenzusammenbruchs zu sein.
18. Roberto sitzt an den Hausaufgaben.
19. Meine Eltern haben ein Haus am Stadtrand gekauft.
20. Heute gehen wir an den Strand.
21. Der Fußgänger ist am Unfallort gestorben.
22. Ich habe ihn am Vormittag angerufen.

23. Meine Schwester ist am Blinddarm operiert worden.

24. Ich muss mich dreimal am Tag spritzen.

25. Deutschland grenzt im Norden an Dänemark.

26. Das Hotel liegt direkt am Strand/Meer.

27. Das Bad ist am Ende des Flurs.

28. Ich hätte eine Frage an Sie.

29. Seine Frau liegt den ganzen Tag am Strand.

30. Michele studiert Gesang am Konservatorium.

31. Es gibt keine Karten mehr für das Konzert am Samstag.

32. Es ist eine am grünenTisch getroffene Entscheidung.

33. Morgen fahren wir an die Adria.

34. Bleiben Sie bitte am Apparat!

35. Machen wir uns an die Arbeit!

36. An der zweiten Ampel hat es einen Unfall gegeben.

37. Er hatte den Finger am Abzug.

38. Es gibt ein reiches Angebot an fremdsprachiger Literatur.

39. Welches Fach gefällt dir am besten?

40. Der Abteilungsleiter hat an das Verantwortungsgefühl der Mitarbeiter appelliert.

41. Warum lässt du deine schlechte Laune immer an mir aus?

42. Gehst du bitte ans Telefon?

43. Am Abend bleibe ich zu Hause und sehe fern.

44. Mein Mann hat an allem etwas auszusetzen.

45. Mario stört am laufenden Band.

46. Nimm dir ein Beispiel an deinem Schwager.

47. Ich hätte eine Bitte an Sie.

48. Ich habe sie an der Stimme erkannt.

49. Der Verkauf von Alkohol an Jugendliche unter 18 Jahren ist

verboten.

50. Ich habe mich an einer Gräte verschluckt.

51. Das ist ein Verbrechen an der Menschheit.

52. London liegt an der Themse.

53. Herr Rossi wird am Telefon verlangt.

54. Alle Pharmaka waren lange an Tieren getestet worden.

55. Sie haben mich an der Tür abgefertigt.

56. Setzt euch an den Tisch!

57. Ich habe zwölf Stunden an einem Stück geschlafen.

58. Wir müssen am Essen sparen.

59. Du hast an sich recht.

60. Er geht an den Spielfeldrand, um sich behandeln zu lassen.

61. Wir haben uns am Pitti-Palast getroffen.

62. Die Firma ist am Rande des Bankrotts.

63. Die Zahl der Menschen, die am Rand der Gesellschaft leben, nimmt ständig zu.

64. Sie hatten ihn an Händen und Füßen gefesselt.

65. Mein Kompliment an die Köchin!

66. Das liegt mir sehr am Herzen.

67. Es fehlt am Allernötigsten.

68. Ich arbeite gerade an meiner Dissertation.

69. Die Kinder saßen am Tisch.

70. An der Decke hing ein riesiger Leuchter.

71. Alle Bücher sind an ihrem Platz.

72. Angelo ist nicht ans Handy gegangen.

73. Meiner Meinung nach ist das eine an den Haaren herbeigezogene Entschuldigung.

74. Früher oder später kommt die Wahrheit ans Licht.

75. Der Junge zitterte am ganzen Körper.

76. Er ist an einem Stück Fleisch erstickt.

77. Was gefällt dir an diesem Kleid nicht?

78. Mein Opa ist an einer Lungenentzündung gestorben.

79. An dieser Kreuzung kracht es oft.

80. Ein Taxi hielt am Straßenrand.

81. Es war eine lange Schlange am Schalter.

82. Es fehlt ihm an Humor.

83. Ich habe mir an der Hand wehgetan.

84. Der Chef stellt hohe Anforderungen an seine Angestellten.

85. Er hängt seit drei Jahren an der Nadel.

86. Ich will nicht das fünfte Rad am Wagen sein.

87. Es besteht kein Zweifel an seiner Schuld.

88. Silvia hängt sehr an ihrer Oma.

89. An wen ist das Schreiben adressiert

90. Sie können sich jederzeit an mich wenden.

91. Es herrscht ein großer Bedarf an Facharbeitern.

92. Der Kranke hängt am Tropf.

93. Unser Wagen befindet sich am Zugende.

94. Mario spricht am besten Englisch von uns allen.

95. Die Regierung muss am Ball bleiben.

96. Dein Schwager führt alle an der Nase herum.

97. Warum hat der Minister seine Teilnahme an dem Treffen abgesagt?

98. Wer war noch nicht an der Tafel?

99. Seine Schwester hat nahe am/ans Wasser gebaut.

100. Wir wechseln uns am Steuer ab.

101. Halten Sie sich gut am Geländer fest!

102. Nimm den Jungen an die Hand!

103. Das Hotel liegt am Fuße des Berges.

104. An welcher Schule unterrichten Sie?

105. Wir sind am Tabellenende.

106. Alles läuft wie am Schnürchen.

107. Unsere Tochter hat die schlechte Angewohnheit, an den Fingernägeln zu kauen.

Kapitel 2 Die Präposition "auf":

1. Setz dich auf den Stuhl.

2. Rufen Sie mich auf dieser Nummer an.

3. Ich muss auf den Markt gehen.

4. Auf der Isola Bella befindet sich ein berühmter Garten, der reich an seltenen Pflanzen ist.

5. Ich bin kein Spezialist auf diesem Gebiet.

6. Auf den Hügeln produziert man besonders Wein.

7. Wir wohnen auf dem gleichen Stockwerk.

8. Den Fernseher haben wir auf Raten gekauft.

9. Ich will nicht auf Einzelheiten eingehen.

10. Wir sind auf der Durchreise.

11. Wir achten sehr auf Qualität.

12. Lasst uns auf das gute Gelingen dieses Projekts anstoßen!

13. Die auf -zione ausgehenden Substantive sind alle feminin.

14. Sein Bruder geht mir allmählich auf die Nerven.

15. Ich hatte nicht auf die Uhr geschaut.

16. Wir sind uns manchmal zufällig auf der Treppe begegnet.

17. Ich habe einen Anruf auf dem Handy erhalten.

18. Auf Zehenspitzen stiegen wir die letzten Stufen hinunter.

19. Es geht um Diebstahl auf Bestellung.

20. Ich lebe gern auf dem Land.

21. Es war Liebe auf den ersten Blick.

22. Ich bin niemandem auf der Straße begegnet.

23. Ich habe ihm eine Nachricht auf dem Anrufbeantworter hinterlassen.

24. Ich muss aufs Kommissariat gehen.

25. Ich habe den Wecker auf sieben Uhr gestellt.

26. Ich bin seit einer Woche auf Diät.

27. Die Flotte fuhr auf offener See.

28. Das Wort liegt mir auf der Zunge.

29. Warum bist du nicht auf die Party gegangen?

30. Ich lege großen Wert auf Pünktlichkeit.

31. Ist Frieden auf der Welt vielleicht ein unerfüllbarer Traum?

32. Warum hast du nicht auf deine Eltern gehört?

33. Wir haben unsere Freunde auf dem Campingplatz besucht.

34. Viele glauben noch heute, dass die Sterne einen geheimnisvollen Einfluss auf den Charakter der Menschen haben.

35. Der Lehrer hat uns gut auf die Prüfung vorbereitet.

36. Antonella ist auf ihre Schwester eifersüchtig.

37. Ich bin auf der Suche nach Arbeit.

38. Geh nicht mitten auf der Straße, geh auf den Bürgersteig!

39. Die Schauspieler kommen auf die Bühne.

40. Oma ist auf einem Ohr taub.

41. Die Anklage lautet auf Raub.

42. Auf ihn ist kein Verlass.

43. Der Dieb wurde auf frischer Tat ertappt.

44. Ich freute mich schon auf ein ruhiges Wochenende.

45. Marios Frau steht mit beiden Beinen auf der Erde.

46. Ich will auf Nummer sicher gehen.

47. Ich kann mich nicht mehr auf den Beinen halten.

48. Wir werden auf jeden Fall zu deiner Hochzeit kommen.

49. Gehen wir auf die andere Seite!

50. Auf dem Ohr hört er nichts!

51. Angela ist auf Probe eingestellt worden.

52. Lisa und Roberto sind auf Hochzeitsreise.

53. Respekt beruht auf Gegenseitigkeit.

54. Seit drei Jahren geht sie auf den Strich.

55. Hast du Tomaten auf den Augen?

56. Die Studenten sind auf die Straße gegangen.

57. Dieses Jahr fällt mein Geburtstag auf einen Samstag.

58. Auf dieser Reise haben wir das Angenehme mit dem Nützlichen verbunden.

59. Wir sind auf Kurzarbeit.

60. Ich habe das Mädchen aufs Fahrrad steigen sehen.

61. Nur auf Bestellung.

62. Man muss sich auf dem Laufenden halten.

63. Heute gehen wir auf den Sportplatz.

64. Ich muss aufs Sekretariat.

65. Wer ist das Mädchen auf dem Foto?

66. Die Kinder spielen auf der Wiese.

67. Schau das Foto auf Seite 10 an.

68. Der Mathelehrer hat mich auf dem Kieker.

69. Ich gehe auf einen Sprung zu Lidl.

70. Du nimmst alles zu sehr auf die leichte Schulter.

71. Entschuldigung, ich muss auf die Toilette.

72. Gehen wir auf den Balkon!

73. Die Kinder krochen auf allen vieren.

74. Ich will auf eigenen Beinen stehen.

75. Auf deine Verantwortung!

76. Wir haben zehn Tage auf Korsika verbracht.

77 Trinken wir auf das gute Gelingen unseres Projekts!

78. Ich schlafe immer auf dem Rücken.

79. Unsere Tochter hat die Führerscheinprüfung auf Anhieb geschafft.

80. Unsere Nachbarn sind auf Elba.

81. Mein Auto verbraucht acht Liter auf 100 Kilometer.

82. Der Schaden beläuft sich auf 3.000 Euro.

83. Die Kinder sind auf dem Spielplatz.

Kapitel 3 Die Präposition "aus":

1. Ich bin aus Bari.

2. Meine Frau kommt aus Florenz.

3. Es gibt Studenten aus der ganzen Welt.

4. Diese Pflanze stammt aus dem Fernen Osten.

5. Ich spreche aus persönlicher Erfahrung.

6. Ich habe sie aus Liebe geheiratet.

7. Ich habe die Daten aus Versehen gelöscht.

8. Der Minirock ist aus der Mode gekommen.

9. Aus dem Holz der Pappel gewinnt man Zellulose, aus der man Papier macht.

10. Meine Freundin kommt aus einer Arztfamilie.

11. Eine Frau schaute aus dem Fenster.

12. Wir sind aus reiner Neugierde dorthin gegangen.

13. Aus den Lautsprechern kommt Jazzmusik.

14. Wir haben uns aus den Augen verloren.

15. Aus Oliven macht man Öl.

16. Ich habe das Kind aus der Schule kommen sehen.

17. Ich beobachtete ihn aus dem Augenwinkel.

18. Dieses Eis ist aus eigener Herstellung.

19. Diese Kirche ist aus dem 16. Jahrhundert.

20. Diese Nachricht war für mich wie ein Blitz aus heiterem Himmel.

21. Ich bin aus dem Takt gekommen.

22. Aus den Augen, aus dem Sinn.

23. Darf ich Ihnen aus dem Mantel helfen?

24. Die Fans singen aus vollem Hals.

25. Eine Wahrsagerin hat mir aus der Hand gelesen.

26. Davide ist ein Junge aus der 3a.

27. Meine Schwester kann nicht aus der Flasche trinken.

Kapitel 4 Die Präposition „bei":

1. Gestern Abend waren wir bei Mario

2. Wir haben bei Mario zu Hause gefeiert.

3. Bei diesem Anlass trug seine Frau ein blaues Kleid.

4. Ich kann mich bei diesem Lärm nicht konzentrieren.

5. Angelos Vater arbeitet bei Fiat.

6. Ich hatte nicht gemerkt, dass ich bei Rot durchgefahren war.

7. Diese Produkte habe ich bei Lidl gekauft.

8. Bei diesem Wetter gehe ich nicht hinaus.

9. Beim Mittagessen waren auch die Großeltern da.

10. Hast du dich bei ihr entschuldigt?

11. Silvia wohnt noch bei den Eltern.

12. Dieses Wort habe ich bei Boccaccio gefunden.

13. Maria ist bei weitem intelligenter als ihr Bruder.

14. Sein Sohn ist bei einem Autounfall ums Leben gekommen.

15. Meine Eltern wohnen bei Mailand.

16. Bei seiner Intelligenz hätte er eine glänzende Karriere machen können.

17. Ich bin nicht bei Facebook.

18. Wir müssen auch bei Carlo vorbeigehen.

19. Gestern war ich nicht beim Training.

20. Bei der Geburt wog unsere Tochter 3 Kilo.

21. Unsere Tochter wacht beim geringsten Geräusch auf.

22. Wir schlafen immer bei offenem Fenster.

23. Es ist gefährlich, die Straße bei diesem Verkehr zu überqueren.

24. Micheles Mutter ist bei der Geburt gestorben.

25. Um bei guter Gesundheit zu bleiben, muss man unbedingt Obst und Gemüse essen.

26. Mama hilft mir bei den Hausaufgaben.

27. Der Nachbar hat ihn bei der Polizei angezeigt.

28. Ich habe ihr bei der Arbeit zugesehen.

29. Ihr Mann hat Probleme bei der Arbeit.

30. Bei schlechtem Wetter sind weniger Leute da.

31. Ich kann bei dieser Hitze nicht schlafen.

32. Kann ich dir bei der Arbeit helfen?

33. Dieses Buch habe ich bei einem Antiquar aufgetrieben.

34. Allein beim Gedanken daran überläuft es mich.

35. Unsere Tochter arbeitet bei der Post.

36. Flavio ist bei der Polizei.

37. Ich sehe, dass du nicht bei der Sache bist.

38. Ich werde es ihm bei der ersten Gelegenheit sagen.

39. Bei Nebel 50 km.

40. Bei diesem Licht kann ich nicht lesen.

41. Spaß bei Seite.

42. Ich habe mir beim Skifahren das Bein gebrochen.

43. Ich hatte mich immer gefragt, warum Gianni so viel Erfolg bei Mädchen hat.

44. Ich habe einen Termin beim Zahnarzt.

45. Wir sind noch beim Essen.

46. Könntest du bei einer Konditorei vorbeigehen?

47. Letztes Jahr habe ich bei einem Anwalt ein Praktikum gemacht.

48. Ich schwöre es dir bei meiner Ehre.

49. Wenn du beim Bäcker vorbeikommst, vergiss nicht, die Brötchen für Samstag zu bestellen.

50. Ich höre beim Arbeiten Radio.

51. Wer hat bei diesem Film Regie geführt?

52. Beim zweiten Versuch ist es mir gelungen.

53. Meine Kollegin versucht sich beim Chef beliebt zu machen.

54. Im Augenblick bin ich nicht gut bei Kasse.

55. Wir werden bei ihm keine Ausnahme machen.

56. Unser Sohn hat sich beim Direktor über die Mathematik-lehrerin beschwert.

57. Bei aller Liebe, aber jetzt übertreibst du.

58. Belassen wir es dabei.

59. Er gehört nicht zu den Kollegen, die alles allein machen wollen, um bei den Vorgesetzten gut dazustehen.

60. Ich finde nichts dabei.

61. Was ist schon dabei?

62. Der Vater von Germana arbeitet beim Fernsehen.

63. Sie hat sich bei ihrer Schwester angesteckt.

64. Sie haben ihn bei der Fahrprüfung durchfallen lassen.

65. Bei genauerem Hinsehen haben wir festgestellt, dass die Unterschrift gefälscht war.

66. Der Kranke ist wieder bei Bewusstsein.

67. Beim Abschied habe ich geweint.

68. Es bleibt bei meiner Entscheidung.

69. Ich bin bei Dr. Fasola in Behandlung.

70. Es bleibt alles beim Alten.

71. Ich bleibe bei meiner Meinung.

72. Frau Conte ist bei ihren Schülern sehr beliebt.

73. Wir haben ihm beim Umzug geholfen.

74. Bei ihm spielt Geld keine Rolle.

75. Ich nehme dich beim Wort.

76. So wirst du bei ihm nichts erreichen.

77. Du bist wohl nicht ganz bei Verstand?

78. Ich bin bei vollem Bewusstsein operiert worden.

79. Bei der herrschenden Arbeitslosigkeit ist es schwer, eine Arbeit zu finden.

80. Ich helfe dir beim Abwasch.

81. Beim Essen sehe ich fern.

Kapitel 5 Die Präposition "bis":

1. Wir müssen bis 7 Uhr arbeiten.

2. Ich habe die Kinder bis zur Schule begleitet.

3. Von wann bis wann dauerte der Dreißigjährige Krieg?

4. Die Jugendlichen sind bis spät in die Nacht in der/ihrer Diskothek geblieben.

5. Es sind noch fünf Minuten bis zum Ende der ersten Halbzzeit.

6. Bis nachher!

7. Er hat versprochen, das Geld bis zum Jahresende zurückzu-geben.

8. Bis zur Mittagszeit bin ich fertig.

9. Alle waren da, bis auf Giuseppe.

10. Bis spätestens Freitag muss die Reparatur fertig sein.

11. Wir haben bis zur Erschöpfung gearbeitet.

12. Ich habe immer bis zur letzten Stunde Unterricht.

13. Der Rock geht mir bis ans Knie.

14. Mit dir würde ich bis ans Ende der Welt gehen.

15. Der Bandit war bis an die Zähne bewaffnet.

16. Bis vor vierzehn Tagen ging alles gut.

Kapitel 6 Die Präposition "durch":

1. Wir sind durch Spanien gereist.

2. Der Dieb war durch den hinteren Ausgang geflohen.

3. Sechzehn ist durch zwei teilbar.

4. Die Katze kam durch das offene Fenster herein.

5. Die Stadt wurde durch ein Erdbeben zertört.

6. Ich habe es durch einen Bekannten erfahren.

7. Durch Schwimmen stärkt man den Körper.

8. Das schlechte Wetter hat uns einen Strich durch die Rechnung gemacht.

9. Unser Deutschlehrer spricht durch die Nase.

10. Durch die starken Regenfälle wurde der Weg unpassierbar.

11. Der Arno fließt durch Florenz.

12. Sein Sohn ist durch einen Unfall ums Leben gekommen.

13. Ich war die ganze Nacht durch wach.

14. Ich habe ihm durch die Blume gesagt, dass ich nicht mit ihm

ausgehen will.

15. Er hat durch k.o. verloren.

16. Durch Fehler wird man klug.

17. Sie waren durch die Bank betrunken.

18. Unser Chef glänzte durch Abwesenheit.

Kapitel 7 Die Präposition "für":

1. Dieses Geschenk ist für Edda.

2. Diese Plätze sind für euch reserviert.

3. Ich interessiere mich für Malerei.

4. Die Versammlung ist für 15 Uhr einberufen worden.

5. Der Hauptgrund für dieses Phänomen ist sicherlich die Verschmutzung.

6. Man müsste für dieses Produkt mehr Werbung machen.

7. Ich habe für die Übersetzung des Textes eine Stunde gebraucht.

8. Die Stadt hat für das Projekt noch kein grünes Licht gegeben.

9. Man kann keine genauen Vorhersagen für die Zukunft treffen.

10. Ich bin für diesen Antrag.

11. Der Junge ist nichts für dich.

12. Das Stadtzentrum ist für den Verkehr geschlossen.

13. Unser Lateinlehrer hat keinen Sinn für Humor.

14. Ich habe mich für den Französisch-Kurs angemeldet.

15. Die Fakten sprechen für sich.

16. Der Vatikan ist eine Welt für sich.

17. Jeder für sich.

Kapitel 8 Die Präposition "gegen":

1. Alle sind gegen mich.
2. Wir müssen gegen Bayern spielen.
3. Dieses Medikament ist nur gegen Rezept erhältlich.
4. Das Kind ist mit dem Kopf gegen die Tischkante gestoßen.
5. Er ist mit dem Auto gegen einen Baum gefahren.
6. Wir werden gegen das Urteil Berufung einlegen.
7. Ich bin gegen Gewalt.
8. Wir haben gegen ein Uhr die Diskothek verlassen.
9. Gegen meine Rückenschmerzen hat mir der Arzt Massagen verschrieben.
10. Der Mathelehrer hat was gegen mich.
11. Er wurde gegen Kaution freigelassen.
12. Mit ihr zu reden ist wie gegen eine Wand zu reden.
13. Kinder sollten gegen Masern geimpft werden.
14. Lieferung nur gegen Barzahlung
15. Gegen ihn bin ich ein Anfänger.

Kapitel 9 Die Präposition "hinter":

1. Hinter dem Haus ist eine Rutsche.
2. Ich bin froh, dass ich die Prüfung hinter mir habe.
3. Mein Kollege hat schon drei Ehen hinter sich.
4. Der Junge ging hinter dem Fremden her.
5. Jetzt sitzt er hinter Schloss und Riegel.
6. Giovanna ist hinter dem Rücken ihrer Eltern in die Disko gegangen.
7. Sie gingen einer hinter dem andern.
8. Das Mädchen versteckte sich hinter seiner Mama.
9. Schreib es dir hinter die Ohren!

Kapitel 10 Die Präposition "in":

1. Wir wohnen im dritten Stock.

2. Die Frau im dritten Stock ist Türkin.

3. Wir wohnen im Zentrum von Mailand.

4. Ich muss diesen Text vom Deutschen ins Italienische übersetzen.

5. Chiara ist gut in Latein.

6. Der Rock ist mir in der Taille zu weit.

7. Sandro fehlt seit mehreren Tagen in der Schule.

8. Nimm mich in den Arm!

9. Die Ergebnisse haben sich im Vergleich zum Vorjahr verbessert.

10. Süditalien hat im Vergleich zu Nord- und Mittelitalien eine viel höhere Arbeitslosenquote.

11. Angelo ist in Silvia verliebt.

12. Ich bin ein wenig im Stress.

13. Sein Name ist steht in allen Zeitungen.

14. Dieses Ereignis ist in die Geschichte eingegangen.

15. Du wirst doch nicht im Ernst glauben, dass er alles allein gemacht hat?

16. Die Sache kann sich wohl in die Länge ziehen.

17. Im Hintergrund erkennt man die Seufzerbrücke.

18. Dir gehen zu viele Dinge im Kopf herum.

19. In der letzten Zeit hast du dich nicht genug angestrengt.

20. Ich bin schlecht in Physik.

21. Ich habe dieses Wort im Wörterbuch nicht gefunden.

22. Die Markuskirche erstrahlte in der nachmittäglichen Sonne.

23. Das Mädchen brach in Tränen aus.

24. Ich habe ihr in die Augen geschaut.

25. Ich hatte einen Knoten ins Taschentuch gemacht.

26. Unser Mieter ist mit der Miete im Rückstand.

27. Dein Onkel spricht in Rätseln.

28. Mein Name steht nicht im Telefonbuch.

29. Ich surfe oft im Internet.

30. In der Regel benehmen sich meine Schüler gut.

31. In gewisser Hinsicht hast du recht.

32. Die Polizei hat Licht in den Fall bringen können.

33. Dieses Jahr ist Grün groß in Mode.

34. Viele Italiener arbeiten im Ausland.

35. Die Lehrerin hat die ganze Klasse im Auge.

36. Jetzt sehe die Angelegenheit in einem anderen Licht.

37. Mein Bruder geht in die zweite Klasse.

38. In diesem Punkt bin ich nicht einverstanden.

39. Sie glaubten sich in Sicherheit.

40. Wir sitzen alle im gleichen Boot.

41. Sie gingen Arm in Arm.

42. Trink den Kamillentee in kleinen Schlucken.

43. In einigen Tagen wirst du diese Entscheidung bereut haben.

44. Meine Papiere sind alle in Ordnung.

45. Morgen haben wir in der dritten Stunde Englisch.

46. Das ist ein Wein, der in die Beine geht.

47. In einer Stunden sind wir zu Hause.

48. Im Schach ist er unschlagbar.

49. Ich bin in den Supermarkt gegangen, der in der Nähe der Kirche ist.

50. Wir werden in das Konzert gehen.

51. Angelo hat den Arm in Gips.

52. Die Gäste standen auf der Autobahn im Stau.

53. Wie sind die Besuchszeiten im Krankenhaus?

54. Mein Schwiegervater ist ins Krankenhaus eingeliefert worden.

55. Marco ist sehr gut in der Schule.

56 Kennst du dich in der Stadt aus?

57 Mir schmecken in Öl eingelegte Artischockenherzen.

58. Mir gefällt der Mantel im Schaufenster.

59 Ich frühstücke gerne im Bett.

60. Was hat man dir im Informationsbüro gesagt?

61 In der Mitte des Platzes steht ein Gefallenendenkmal.

62. Diese Musik war in den 50er-Jahren sehr populär.

63. Das habe ich im Radio gehört.

64. Das habe ich vorhin in den Nachrichten im Radio gehört.

65 Wir singen alle in einem Chor.

66. zwei Bände im Schuber

67. Gestern Abend sind wir in ein Konzert gegangen.

68. Sein Vater ist ein Experte in Numismatik.

69. Ich gehe gern ins Museum.

70. Man muss sie in die Notaufnahme bringen.

71 Meine Frau geht Ende September in Mutterschutz

72. Im Palazzo Grassi in Venedig gibt es immer interessante Ausstellungen.

73. Der Vortrag findet in der Aula statt.

74. Der Junge saß im Rollstuhl.

75. Nehmen Sie einen Moment im Wartezimmer Platz.

76. Mein Sohn will nicht in den Kindergarten gehen.

77. Wir haben uns im Zug kennengelernt.

78. Was machst du in deiner Freizeit?

79. Unser Sohn isst in der Schulkantine.

80. Was hast du in den Ferien gemacht?

81. Ich habe einen starken Schmerz im rechten Arm.

82. Es ist Zeit, ins Bett zu gehen.

83. Kann ich ins Bad gehen?

84. Marios Frau ist in anderen Umständen.

85. Die Kinder spielen im Hof.

86. Vielen Dank im Voraus.

87. Wir haben das Tor noch einmal in Zeitlupe gesehen.

88. Ich bin in den Wechseljahren.

89. Im Nachhinein hat mein Kollege zugegeben, dass er einen Fehler gemacht hatte.

90. Maria und Franco sind in den Flitterwochen.

91. Im Augenblick können wir nichts für Sie tun.

92. Darf ich Ihnen in den Mantel helfen?

93. Wir sind in die Bredouille gekommen.

94. Die Firma ist in einer Krise.

95. Ihm wurde der Nobelpreis in Anerkennung seiner großen wissenschaftlichen Verdienste verliehen.

96. Meine Frau hat sich in den Finger geschnitten.

97. Es regnet in Strömen

98. Wir haben die Lage im Griff.

99. Dort kann man nur im Gänsemarsch gehen.

100. Sie ist das schwächste Glied in der Kette.

101. Ich habe meine Frau in einem Fortbildungskurs kennen gelernt.

102. Ich war in Gedanken; ich habe nicht gehört, was du zu mir gesagt hast.

103. Angela ist im fünften Monat schwanger.

104. Seine Frau war im siebten Himmel.

105. Die Polizei ermittelt gerade in diesem Fall.

106. Meine Schwester schaut ständig in den Spiegel.

107. Ich nehme Privatunterricht in Russisch.

108. Wir sind alle im gleichen Alter.

109. Ich setze mich in den Sessel und zünde mir eine Zigarre an.

110. Das Buch ist noch nicht im Handel.

111. In deinem Alter war ich schon verheiratet.

112. Macht keine Eselsohren in die Bücher!

113. Im Klassenzimmer dürft ihr nicht Ball spielen.

114. Dieses Wort gebraucht man nur im Singular.

115. Er hat in der dritten Runde gewonnen.

116. Meine Partei ist in der Opposition.

117. Eine Cousine von mir hat beschlossen, ins Kloster zu gehen.

118. Die Donau entspringt im Schwarzwald.

119. Das Buch ist im Druck.

120. Im Winter ziehen viele Vögel in Richtung Süden.

Kapitel 11 Die Präposition "mit":

1. Gehst du mit mir ins Kino?

2. Heute Morgen bin ich mit Kopfschmerzen aufgewacht.

3 Ich habe mit 25 (Jahren) geheiratet.

4. All diese Probleme sind eng miteinander verknüpft.

5. Alles hatte mit dem Protest gegen das Scheidungsgesetz begonnen.

6. Der Maurer arbeitete mit nacktem Oberkörper.

7. Wir haben Glück mit dem Wetter.

8. Man zeigt nicht mit dem Finger auf die Leute.

9. Das Aostatal ist eine Region mit Sonderstatus.

10. Unser Auto fährt mit Diesel.

11. Diese Entscheidung bringt viele Probleme mit sich.

12. Mit hoher Geschwindigkeit fahren bedeutet, das eigene Leben und das der anderen aufs Spiel zu setzen.

13. Wir sind mit den schulischen Leistungen unserer Tochter sehr zufrieden.

14. Ich habe mit nichts angefangen.

15. Lisa geht mit dem Hund Gassi.

16. Der Angestellte zuckte mit den Schultern.

17. Was habe ich damit zu tun?

18. Daniele hat das Abitur mit Ach und Krach bestanden.

19. Schnalzt nicht mit den Fingern!

20. Er stand mit mit offenem Mund da.

21. Man spricht nicht mit vollem Mund.

22. Was ist mit Ihnen?

23. Ihre Eltern haben mich mit offenen Armen empfangen.

24. Wir haben uns mit Gesten verständigt.

25. Ich fahre immer mit dem Fahrrad in die Schule.

26. Ich will nicht mit leeren Händen ankommen.

27. Die Milch wird mit dem Tankwagen von dem Bauernhof zur Fabrik transportiert.

28. Paolo ist ein Junge mit eisernem Willen.

29. Der Hund schaut sein Herrchen mit heraushängender Zunge an.

30. Es ist eine mit Bleistift geschriebene Notiz.

31. Damals war ich mit unserem ersten Sohn schwanger.

32. Womit habe ich das alles verdient?

33. Mit der Zeit kommt alles in Ordnung.

34. Ich werde mich nicht mit Einzelheiten aufhalten.

35. Angelo ist ein Mensch mit Prinzipien.

36   Der Hund wackelt mit dem Schwanz.

37.   Man muss mit dem Schlimmsten rechnen.

38.   Antonia ist eine junge Frau mit großer Zukunft.

Kapitel 12 Die Präposition "nach":

1.   Morgen fahren wir nach Neapel.

2.   Der Zug nach Neapel fährt in fünf Minuten ab.

3.   Giovanni ist nach Neapel weitergefahren.

4.   Meiner Meinung nach hat dein Vater unrecht.

5.   Seine Haare waren nach hinten gekämmt.

6.   Obst nach Wahl

7.   Das Mädchen beugte sich nach vorn.

8.   Wir haben die Kandidaten nach Alter und Geschlecht eingeteilt.

9.   Es war kurz nach 10.

10.   Es riecht nach Gas.

11.   Gleich nach dem Aufstehen dusche ich.

12.   Diese Suppe ist nicht nach meinem Geschmack.

13.   Nach Lage der Dinge muss ich dir recht geben.

14.   Diese Schuhe sind nach Maß gemacht.

15.   Ich kenne ihn nur dem Namen nach.

16.   Das Verb richtet sich nach dem Subjekt.

17.   Man muss jemanden nach dem Arzt schicken.

18.   Alles geht nach Wunsch.

19.   Jeder nach seiner Art.

20.   Nach meiner Uhr ist es zehn.

21.   Ihr Mann schaut sich nach allen schönen Mädchen um.

22.   Sein Onkel riecht nach Tabak.

23.   Lisa ist immer nach der neuesten Mode gekleidet.

24. Nach dem Aussehen ist er Amerikaner.

25. Nach seiner Behauptung ist er unschuldig.

26. Ich habe mich nach dem Taschentuch gebückt.

27. Es sieht nach Regen aus.

28. Meine alte Grundschule ist nach Giosuè Carducci benannt.

29. Nach Abzug der Spesen bleibt mir sehr wenig.

30. Wir haben sie zu uns nach Hause eingeladen.

31. Es ist fünf nach acht (Uhr).

32. Nach drei Jahren des Zusammenlebens trennten sie sich.

33. Das geht nach Gewicht.

34. Sprechstunde nach Vereinbarung

35. Nicht vordrängeln! Immer schön der Reihe nach!

36. Je nach Wetter wird die Veranstaltung im Freien oder in der Halle stattfinden.

37. Nach mir die Sintflut.

38. Wir richten uns nach euch.

39. Das schmeckt nach mehr.

40. Aller Wahrscheinlichkeit nach wird er am Sonntag nicht spielen können.

41. Er hat nach Punkten gesiegt.

42. Diese Suppe schmeckt nach nichts.

43. Angelo hat mich nach dir gefragt.

44. Wir singen nach Noten.

45. Mein Neffe spielt Klavier nach Gehör.

46. Claudio ist nach mir angekommen.

47. Ich male gern nach der Natur.

48. Nach menschlichem Ermessen müsste es funktionieren.

49. Niemand hat dich nach deiner Meinung gefragt.

50. Sie haben sich nach dir erkundigt.

51. Meine Freundin hat ein großes Bedürfnis nach Zärtlichkeit.

52. Es ist ein schöner Sprung nach vorn.

53. Nach dem Abendessen sehe ich fern.

54. Nach dem Essen ruhe ich mich ein wenig aus.

55. Die Frau ist der Länge nach hingefallen.

56. Nach seiner Aussprache zu urteilen ist er Amerikaner.

Kapitel 13 Die Präposition "über":

1. Über uns wohnt eine griechische Familie.

2. Der Junge hat der Frau über die Straße geholfen.

3. Ein Hubschrauber der Polizei kreiste über dem Stadion.

4. Der Junge lehnte sich über den Rand der Gondel.

5. Mein Vater ist schon über 70.

6. Chemische Substanzen, die über die Nahrung oder Arzneimittel in den Organismus eindringen, haben besonders schädliche Auswirkungen.

7. Man weiß nicht viel über ihn.

8. Ich bin über eine Geheimtreppe verschwunden.

9. Der Junge konnte über den Bach springen.

10. Überm Lesen vergisst unsere Tochter alles andere.

11. Ich denke anders darüber.

12. Seine Leistungen sind über dem Durchschnitt.

13. Über Weihnachten fahren wir in die Berge.

14. Häng die Hose über den Stuhl!

15. Wir haben den Spiegel über die Couch gehängt.

16. Ich empfange deutsches Fersehen über Satellit.

17. Mein Onkel regt sich über jede Kleinigkeit auf.

18. Es geht nichts über einen guten Espresso.

19. Die Regierung hat Fehler über Fehler gemacht.

Kapitel 14 Die Präposition "um":

1. Ich stehe immer um 6 Uhr auf.

2. Alle standen um sie herum.

3. Es tut mir leid um sie.

4. Um Mitternacht läuten die Glocken aller Kirchen in der Stadt.

5. Der Umsatz ist um 5% zurückgegangen.

6. Die Erde dreht sich um die Sonne.

7. Ihr Mann hatte den Fotoapparat um den Hals.

8. Ich wiege um die achtzig Kilo.

9. Um ein Haar!

10. Ich werde mich um alles kümmern.

11. Mein Bruder will um jeden Preis recht haben.

12. Auge um Auge, Zahn um Zahn.

13. Ich bin um meinen Sohn besorgt.

14. Die Erde dreht sich um die eigene Achse.

15. Ich habe mich um ein Stipendium beworben.

16. Das Mädchen hat um Hilfe geschrien.

17. Sie habenn ihn um die Ecke gebracht.

18. Meine Kollegin ist nie um eine Ausrede verlegen.

19. Um Himmels willen!

20. Sie haben um die Wette getrunken.

21. Es handelt sich um ein sehr heikles Thema.

22. Plötzlich kamen sie um die Ecke.

23. Alles dreht sich nur um ihn.

24. Er redet immer um den heißen Brei herum.

25. Ich habe mich um zwei Euro verrechnet.

26. Schade um die kaputte Vase.

27. An der Straßenecke bat ein Bettler um ein Almosen.

28. Ich würde es um alles in der Welt nicht machen.

Kapitel 15 Die Präposition "unter":

1. Der Hund schläft unter dem Tisch.

2. Es ist zehn Grad unter Null.

3. Mario steht unter der Dusche.

4. Meine Frau leidet unter Migräne.

5. Schauen wir unter "d" nach.

6. Was verstehst du unter Sozialismus?

7. Unter den Gästen war auch der Direktor unseres Gymnasiums.

8. Ich habe mit ihr unter vier Augen gesprochen.

9. Unter diesen Umständen kann ich den Vorschlag nicht annehmen.

10. Das ganze Bad stand unter Wasser.

11. Das Gerät steht unter Strom.

12. Seine Leistung war unter aller Kanone.

13. Wir haben unter freiem Himmel geschlafen.

14. Seine Leistung liegt unter dem Durchschnitt.

15. Sie haben es unter Preis verkauft.

16. Der Prozess fand unter Ausschluss der Öffentlichkeit statt.

17. Einige Abgeordnete verließen unter lautem Protest den Saal.

18. Beinahe wäre das Kind unter die Straßenbahn gekommen.

19. Ich leide unter dem schlechten Betriebsklima.

20. Es war niemand unter uns, der die Antwort wusste.

21. Wir sind unter Druck.

22. Die Temperaturen sind unter Null gesunken.

23. Du erreichst mich unter der Nummer ...

24. Unter anderem habe ich ein Mäppchen und zwei Hefte gekauft.

25. Er sagte es mir unter dem Siegel der Verschwiegenheit.

26. Unter Tränen gestand sie den Mord.

27. Unter der Woche können wir uns nicht um diese Dinge kümmern.

Kapitel 16 Die Präposition "von":

1. Das ist das Fahrrad von Stefano.

2. Von wem hast du dieses Geschenk bekommen?

3. Das Auto ist von der Straße abgekommen.

4. Was willst du von mir?

5 Ich hole dich vom Bahnhof ab.

6. Abgesehen vom Regen war der Tag angenehm.

7 Wir danken dir von Herzen.

8. Die Kirche ist ein paar Schritte von hier.

9. Mario ist blind von Geburt an.

10. Machst du ein Foto von mir?

11. Antonia ist von Mario schwanger.

12. Brauchst du etwas vom Markt?

13. Das Reisfeld muss von Juni bis September unter Wasser gesetzt werden.

14. Die traditionellen Trachten sind von Ort zu Ort verschieden.

15. Das Mädchen ist in der Nacht von Samstag auf Sonntag verschwunden.

16. Paola erwartet ein Kind von ihrem Verlobten.

17 Du hast alles von deinem Banknachbarn abgeschrieben.

18. Ich bin von der Polizei.

19. Vier von zehn Studenten sind bei der Prüfung durchgefallen.

20. Ich nehme ein Bier vom Fass.

21. Ich habe viel von meiner Mathematiklehrerin gelernt.

22. Wir wussten es von Beginn an.

23. Was ist dein Vater von Beruf?

24. Ich nehme das Steak vom Grill.

25. Unsere Nachbarn sind schon von ihrer Spanienreise zurück.

26. Er ist schwer von Begriff.

27. Er will nichts von Heirat wissen.

28. Ich bin doch nicht von gestern!

29. Ich habe ihn von weitem gesehen.

30. Könnten wir die Lateinstunde von Mittwoch auf Freitag verlegen?

31. Ich fürchte, wir müssen wieder ganz von vorn anfangen.

Kapitel 17 Die Präposition "vor":

1. Vor dem Hotel ist ein schöner Park.

2. Meine Schwester hat Angst vor Hunden.

3. Ich fahre vor euch her.

4. Ich bin dran. Ich war vor Ihnen da.

5. Ich hatte ihn vor der Gefahr gewarnt.

6. Dieser junge Mann strotzt vor Gesundheit.

7. Dieser Verbrecher macht vor nichts halt.

8. Die Jugendlichen verbringen viel Zeit vor dem Fernseher.

9. Ich habe keine Geheimnisse vor meiner Frau.

10. Weihnachten steht vor der Tür.

11. Der Dieb versteckte sich vor der Polizei.

12. Er hat mir die Tür vor der Nase zugeschlagen.

13. Meine Schwester ekelt sich vor Spinnen.

14. Es ist Viertel vor acht.

15. Der Junge zitterte vor Angst.

16. Wasch dir die Hände vor dem Essen!

17. Wir haben uns vor drei Jahren kennen gelernt.

18. Der Patient stöhnte vor Schmerz.

19. Versucht vor allem, keinen Lärm zu machen!

20. Ich kann vor zehn Uhr nicht kommen

21. Wir werden den Fall vor Gericht bringen.

Kapitel 18 Die Präposition "zu":

1. Ich muss zum Arzt gehen.

2. Wir haben bei Stefano zu Hause gefeiert.

3. Sonntags gehe ich zur Messe.

4. Wir sind zu Fuß gekommen.

5. Was trinkst du zur Pizza?

6. Wir könnten zur Abwechslung ins Theater gehen.

7. Lasst uns gleich zum Thema kommen!

8. Dieser Gürtel gehört zur schwarzen Hose.

9. Um noch einmal auf die Frage vom Anfang zurückzukommen, …

10. zu Händen von Herrn Rossi

11. Nächste Woche spielt Juventus zu Hause.

12. Zu meiner großen Schande muss ich gestehen, dass ich unseren Hochzeitstag vergessen hatte.

13. Zu Beginn möchte ich zwei Dinge herausstellen.

14. Kommen wir nun zu einem anderen Thema.

15. Mode gehört nicht zu meinen Hauptinteressen.

16. Sardinien gehört zu Italien.

17. Ich habe ihm zu seiner Beförderung gratuliert.

18. Wir waren zu zweit.

19. Unser Klassenzimmer geht zum Hof.

20. Normalerweise kommt mein Mann zum Mittagessen nach Hause.

21. Es ist besser, sofort zur Sache zu kommen.

22. Er hat mich zur Seite gestoßen.

23. Das stimmt, aber nur zum Teil.

24. Roberto ist zum Klassensprecher gewählt worden.

25. Silvio ist pünktlich zur Verabredung gekommen.

26. Dieses Buch habe ich zum halben Preis bekommen.

27. Wir haben zu Ehren unserer Gäste ein Fest gegeben.

28. Du bist nie aufrichtig zu mir.

29. Ich gehe zum Kiosk, um den Corriere della sera zu kaufen.

30. Ich möchte eine Frage zur Geschäftsordnung stellen.

31. Mein Kollege ist nicht zur Arbeit erschienen.

32. Alles Gute zum Geburtstag!

33. Ich will mich zu dieser Angelegenheit nicht äußern.

34. Zum Glück hast du dir nicht wehgetan.

35. Zu allem Unglück hatte ich den Hausschlüssel vergessen.

36. Zum Abschluss möchte ich einen Vers von Dante zitieren.

37. Du hast dich zu Recht beschwert.

38. Was haben sie dir zum Geburtstag geschenkt?

39. Was sagst du zu seinem Vorschlag?

40. Seine Tochter hat das Zeug zur Pianistin.

41. Ich gehöre zu denen, die die Rechtschreibreform kritisieren.

42. Geh ein wenig zur Seite, damit die anderen sehen können, was du geschrieben hast.

43. Ich möchte drei Pizzas zum Mitnehmen.

44. Er hat mich zum Lachen gebracht.

45. Was hast du zum Frühstück gegessen?

46. Zurzeit ist Luigi in Palermo.

47. Zu meiner Zeit gab es noch kein Handy.

48. Eine Gruppe Terroristen hat sich zu dem Anschlag bekannt.

49. Zu meinem großen Bedauern habe ich an der Reise nicht teilnehmen können.

Kapitel 19 Weitere Präpositionen:

1. Gegenüber dem Theater ist eine Eisdiele.

2. Der Weg verläuft parallel zum Fluss.

3. Ich kann mich nicht beklagen. Mir gegenüber ist er immer freundlich.

4. Während meines Medizinstudiums habe ich im Krankenhaus ein Praktikum gemacht.

5. Wegen Restaurationsarbeiten geschlossen.

6. Meine Schwester war außer sich vor Freude.

7. Der Angeklagte wurde mangels Beweisen freigesprochen.

8. Ich schicke Ihnen das Angebot per Fax.

9. Dank eines aufmerksamen Zeugen konnte der Räuber festgenommen werden.

10. Die Villa befindet sich ein wenig außerhalb des Dorfes.

11. Wir sind per du.

12. Das Lehrerzimmer befindet sich neben dem Sekretariat.

13. Margarine wird oft anstelle von Butter gebraucht.

14. Für den Ausflug haben wir 40 Euro pro Kopf bezahlt.

15. Ich nehme den Kaffee ohne Zucker.

16. Wir haben es trotz großer Schwierigkeiten geschafft.

17. Dem Obduktionsbericht zufolge handelt es sich um Selbstmord.

18. Aufgrund des schlechten Wetters wurde der Ausflug abgesagt.

19. Wir gingen den Fluss entlang, als wir Schreie hörten.

20. Zwischen ihm und den Schwiegereltern besteht ein gutes Verhältnis.

21. Außer Englisch spricht er Französisch und Spanisch.

22. Ich lerne seit drei Jahren Deutsch.

23. Ab nächster Woche werde ich in Palermo arbeiten.

24. Der Park befindet sich jenseits des Flusses.

25. Blusen ab 20 Euro.

26. Der Mörder konnte anhand der vorliegenden Beweise verurteilt werden.

27. Die Rechnung muss innerhalb eines Monats beglichen werden.

28. Infolge der starken Regenfälle sind diese Wege unpassierbar geworden.

29. Wider Erwarten hat er die Prüfung nicht bestanden.

30. Es handelt sich um eine Anfrage seitens unserer Bank.

31. Ich bin nie per Anhalter gefahren.

Lösungen

1. Teil

1.1. in 2. al 3. nel 4. allo 5. in 6. in 7. In 8. a 9. nella 10. al 11. in 12. al 13. in 14. a 15. all' 16. In/nel 17. a 18. In/alla 19. al 20. In 21. allo/nello 22. al 23. in 24. in 25. in/nel 26. in 27. all' 28. in 29. nelle 30. in 31. in 32. a, da 33. in 34. in 35. in 36. in 37. in/alla 38. in/sulla 39. sul 40. in/sulla 41. al 42. all' 43. dalla, in 44. dal/bzw. 45. in/nel 46. sull' 47. dal 48. dalla 49. a 50. sull' 51. nel 52. sul/nel 53. alla 54. in 55. sull' 56. in 57. sulla/in 58. in 59. all' 60. in/nel 61. su 62. in, di 63. sulla 64. in 65. verso 66. per 67. in 68. in 69. sulle 70. in 71. in 72. in/al 73. nel 74. sul 75. nell' 76. nel/in 77. dal 78. nel 79. sul 80. sulla 81. su (di) 82. in/sulla 83. dal 84. in 85. di 86. da 87. dall' 88. del 89. di 90. da 91. da 92. sulle 93. di 94. dal 95. della 96. in 97. in 98. negli 99. da 100. da 101. in/sulla 102. sul 103. su 104. in 105. per/a 106. in, per 107. a 108. per 109. in 110. in 111. al/nel 112. sul 113. sul 114. sull' 115. per 116. alla 117. alla 118. in 119. sul 120. su 121. nell' 122. in 123. in 124. all' 125. su 126. da, dall' 127. prima del 128. all'/in 129. al 130. in 131. nel 132. in/nella 133. attraverso 134. dal 135. su 136. sotto 137. su 138. in 139. in 140. Lungo 141. nel 142. nella 143. A, a 144. nel 145. nel 146. da 147. dal 148. di 149. a

2. 1. In/Al 2. Allo/Nello 3. in 4. per/entro 5. Sotto 6. al 7. Nell', dell', di 8. sul 9. in 10. Tra/Fra 11. dal, al 12. alle, del 13. da 14. allo 15. Tra/Fra 16. del 17. Al/Nel/In caso di 18. da, all' 19. a 20. fa 21. entro 22. nel 23. di 24. per 25. D'/In 26. Prima di 27. fin dall' 28. Durante/Nelle 29. Per, fino al 30. dopo 31. fino al 32. a 33. a 34. A 35. prima dell' 36. A/Per 37. a 38 in 39. per 40. alle, in 41. Al/Di/Nel

3. 1. alla 2. a 3. in 4. A 5. in 6. a 7. a 8. tramite 9. al 10. per 11. sul 12. in 13. negli 14. all'. 15. in 16. per 17. in 18. in 19. a 20. per 21. a 22. di 23. da 24. di 25. per, per 26. a 27. sul 28. in 29. coi 30. coi 31. a 32. a 33. con 34. coi 35. sui 36. a 37. per, a 38. a 39. da 40. a 41. a 42. da 43. a 44. di 45. da 46. di 47. su/via/per 48. in/alla 49. a 50. con 51. a 52. su 53. di 54. di 55. di/a 56. al, di 57. in, per 58. per 59. secondo 60. per 61. per 62. in 63. in 64. in/col 65. alla 66. sotto 67. per 68. in 69. in/con la 70. in 71. per 72. in 73. a 74. in 75. a 76. a 77. a 78. a 79. per, per 80. per 81. di 82. a 83. per 84. a 85. a 86. per 87. del 88. a 89. del, da 90. coi 91. per 92. a 93. per 94. secondo 95. a, di 96. a 97. in 98. con 99. a 100. di 101. a 102. in 103. di 104. a 105. in

4. 1. a 2. ai 3. alla 4. Ai .5. al 6. in/alla 7. al 8. in 9. in 10. sulla 11. sul 12. del 13. di 14. per 15. su 16. Al 17. sul 18. in, per/d' 19. A, di 20. del, sulla 21. a 22. fuori del 23. di/in 24. Invece del/Al 25. per 26. per, di 27. per 28. per 29. nel, con, del, d', sotto 30. in, per 31. Tra/Fra 32. sul, dell'/nell' 33. di, dell', per 34. Per, con 35. senza 36. in 37. di 38. tra/fra 39. a, per 40. di, dietro di 41. Malgrado/ Nonostante, in, a/per 42. del, del 43. per 44. ad 45. a 46. a, con 47. Nell', per, al, in, nell', in 48. a, d' 49. della, di 50. col 51. da 52. sulla 53. Dall', per, della 54. per, a 55. in, con 56. al 57. dal 58. allo, alla, alla, al, delle 59. sulla 60. a, del, dalle/contro le 61. sui

62. a/per 63. su 64. su 65. dell', di 66. dal, di 67. in, su di 68. dai 69. sulle, di 70. della, tra/fra, del, del, da, delle, della 71. Per, di, a, di, d' 72. con 73. in, fra 74. tramite 75. in, in 76. sullo 77. di, sulla/nella 78. d', sulla, di 79. dell' 80. in 81. a, con 82. per 83. in 84. di, sul 85. in, di, nello 86. di, sul 87. in 88. di, a, con, dell', della 89. per, da 90. eccetto/ fuorché/ tranne/salvo 91. nella, delle, della 92. alle 93. al 94. per 95. davanti alla 96. sulle 97. dopo 98. al 99. sulle 100. in 101. alla 102. alla 103. al, per, in 104. della, a, sul, nel 105. di 106. per, in 107. per 108. di 109. in 110. A, di, di, fra/tra, in, a 111. per 112. dalla, per, con 113. con 114. in 115. A, in, degli 116. in, di 117. fuori 118. col 119. Per 120. a, di 121. Al, in 122. Tra/Fra 123. per 124. dai, nella, dopo, dell' 125. del 126. dalla 127. per 128. da 129. a/per 130. Nei/Ai, in, durante 131. con 132. a, da 133. sul 134. all', d', di, per 135. Presso, d', delle, per 136. da 137. sul/nel 138. senza, sull'/in 139. Alla, di 140. Fino a, fa 141. per 142. Secondo, a, nella, del 143. Per, in, per 144. con 145. in 146. di 147. al, con 148. per 149. in

5. 1. Di 2. di 3. Da 4. di 5. Da, dall' 6. Da, da, di 7. di 8. dei 9. di/da 10. di 11. di 12. di 13. di/da 14. di 15. Dall' 16. della 17. di 18. da 19. di 20. di 21. di 22. dal/di 23. di 24. da 25. del 26. da 27. di 28. da, di 29. di 30. di 31. da 32. dal 33. di 34. di 35. dall' 36. Dalla, da, da 37. da, di 38. da 39. Di 40. di 41. di 42. da 43. di 44. da 45. da 46. di, da 47. da, dalle 48. di, Di 49. dall' 50. di 51. di, da 52. da 53. da 54. da

6. 1. Rispetto all' 2. a spese del 3. a causa dell' 4. in cima alle 5. a seconda della 6. A furia di 7. in riva al 8. nei confronti della 9. al di sotto della 10. A differenza di 11. in onore della 12. fin dalle 13. in preda ad 14. nei confronti della 15. a favore del 16. alla volta di 17. oltre all' 18. in cerca di 19. in riva al 20. Alla vigilia degli, in preda al 21. A partire da 22. Di fronte a 23. a base di 24. contrari a 25. ai margini della 26. ad eccezione di 27, Grazie all' 28. in seguito a 29. ai sensi della 30. all'interno della 31. per mezzo di 32. a scapito della 33. Invece delle 34. in fondo al 35. a partire dalla 36. A proposito di 37. in occasione della 38. accanto alla 39. su consiglio del 40. a richiesta del 41. con l'aiuto dei 42. nel giro di 43. Rispetto a

7. 1. in prevalenza 2. senza dubbio 3. all'/d'improvviso 4. di rado 5. per telefono 6. a/alla perfezione 7. con regolarità 8. di sicuro 9. in effetti 10. di frequente/con frequenza 11. con eleganza 12. in continuazione/di continuo 13. da tiranno 14. con euforia 15. da eroe 16. all'apparenza (anscheinend)/in apparenza (scheinbar) 17. con chiarezza 18. con affetto 19. per vie illegali 20. alla lettera 21. per scherzo/in modo scherzoso 22. di persona 23. in specie 24. a voce 25. per fortuna 26. con cautela 27. in dettaglio/in modo dettagliato

8. 1. Questa notizia è stata riportata in esclusiva da *Le Monde*. 2. I miei genitori ci vanno di rado. 3. In via eccezionale potete andare un'ora prima. 4. L'accusato si era procurato l'arma per vie illegali. 5. All'improvviso squilla il telefono. 6. Questa frase non si può tradurre alla lettera. 7. La mia collega parla questa lingua a/alla perfezione. 8. Per favore, scrivi in modo leggibile. 9. Bisogna maneggiare con prudenza/cautela queste stoviglie di porcellana. 10. La proposta è stata/fu approvata all'unanimità.

9. 1. Di fronte/faccia alla 2. Nonostante 3. davanti al 4. tranne/salvo/ fuorché/ eccetto 5. oltre il/dall'altra parte del 6. A furia di 7. verso di me/nei miei confronti 8. mediante 9. verso 10. presso la 11. alla ricerca di 12. Malgrado/Nonostante

10. 1. Dietro la/alla 2. sotto 3. al di là del 4. lontano da 5. in coda al 6. sopra (lo) 7. all'inizio del 8. prima di 9. sul bordo/ciglio/margine della 10. senza (di)

11. 1. di 2. nell' 3. per 4. a 5. a 6. sotto 7. di 8. Durante 9. da 10. di 11. a 12. per 13. di 14. tra 15. di 16. di 17. dopo 18. dei 19. a 20. in 21. a

12. 1. a 2. di 3. di 4. di 5. in 6. a 7. per 8. in 9. da 10. di 11. in 12. al 13. di 14. di 15. di 16. da 17. con 18. verso 19. nel 20. per 21. con 22. di 23. in 24. da 25. del 26. di 27. dinanzi al 28. senza 29. dopo 30. a 31. di 32. a 33. per 34. dal 35. in

13. 1. il negozio di mobili 2. la camera da letto 3. il freno a mano 4. il ballo in maschera 5. l'infortunio sul lavoro 6. il corso per principianti 7. il bicchiere da vino 8. il latte in scatola 9. la casa dello studente 10. il buco dell'/nell'ozono 11. l'imposta sul reddito 12. il cioccolato al latte 13. gli attrezzi da giardino 14. la società per azioni 15. il biglietto da visita 16. l'avvelenamento da funghi 17. l'uovo con la sorpresa 18. la borsa da viaggio 19. la strada a senso unico 20. la statua d/in bronzo 21. la corsa agli armamenti 22. il guasto al motore 23. l'assicurazione sulla vita 24. il divieto di sosta 25. il film dell'orrore 26. la pista da ballo 27. la sala da pranzo 28. la vista sul mare 29. le chiavi della macchina 30. la porta di casa 31. il cancro al seno 32. il diritto alla pensione 33. la pastiglia per/contro la tosse 34. il permesso di soggiorno 35. la vincita al lotto 36. il cane da guardia 37. il listino (del) prezzi 38. la donna delle pulizie 39. la camicia da notte 40. l'esame di ammissione 41. il lavoro a cottimo 42. l'annuncio/l'inserzione sul giornale 43. la sala (dei) professori 44. l'ora di supplenza 45. il sacco a pelo 46. il medico di famiglia 47. il traffico di droga 48. la vasca da bagno 49. il corso di aggiornamento/perfezionamento 50. la schiuma da barba 51. la distanza di sicurezza 52. l'inquinamento dell'aria 53. il ferro da stiro 54. la produzione in serie 55. la bolletta della luce 56. le spese di viaggio

14. 1. ai 2. da 3. a 4. dell' 5. ai 6. della 7. alla 8. delle 9. al 10. da 11. alla/contro la 12. del 13. nello 14. in 15. a 16. con 17. da 18. da 19. dei 20. della, dell' 21. sul/per il 22. in 23. sulla 24. in 25. da 26. via 27. della 28. ai 29. di 30. della 31. delle 32. su 33. della 34. dell' 35. nella 36. a 37.al 38. da 39. a 40. dell' 41. dei 42. del 43. della 44. di 45. a 46. delle 47. dei 48. a 49. al 50. da 51. di 52. a 53. al 54. con 55. di 56. in via di 57. a

15. 1. la rinuncia all'eredità 2. la via del successo 3. la mancanza di esperienza 4. la causa del licenziamento 5. il bisogno di tenerezza/e 6. l'amore per la natura 7.

94

l'interesse per la pittura 8. domande sul testo 9. la pressione sugli operai 10. la violenza fra i giovani 11. la lotta alla/contro la mafia 12. un ostacolo al progresso 13. l'aggressione/l'assalto a un turista 14. un'intervista al cantante 15. il diritto al risarcimento 16. l'odore di gas 17. il pensiero della morte 18. il desiderio di giustizia 19. la paura del temporale 20. l'appello allo sciopero 21. la lotta per la sopravvivenza 22. l'appartenenza a un partito 23. la speranza di miglioramento 24. l'offerta di parcheggi 25. l'istigazione alla xenofobia 26. la povertà di materie prime 27. il ricorso alla violenza 28. l'impegno per la pace 29. Il rispetto per/verso i/nei confronti dei professori 30. dubbi sulla/rispetto alla legittimità 31. una ricevuta di 200 euro 32. l'allergia ai peli di gatto 33. l'eccezione alla regola 34. la prova della sua innocenza 35. il rapporto con i nonni 36. la disponibilità alla riconciliazione 37. il controllo del veicolo 38. le provviste di generi alimentari 39. l'alternativa a questa soluzione 40. la prospettiva del successo 41. il talento per la musica 42. la propensione al consumo 43. l'adesione a questa organizzazione 44. l'espulsione dal partito 45. lo studio della letteratura 46. la dipendenza dall'alcol 47. l'entusiasmo per il calcio 48. la dedizione al lavoro 49. l'affetto per la nonna 50. l'antipatia per il capo 51 l'allusione alla sua dipendenza 52. il consenso alla vendita 53. l'invito all'inaugurazione 54. la partecipazione all'escursione 55. l'obiezione alla proposta 56. l'infrazione al codice della strada 57. l'entrata al museo

16. 1. alla 2. per 3. dal 4. di 5. da 6. allo 7. dalla 8. da/di 9. di 10. da/di 11. di 12. da 13. della 14. di 15. dai 16. dal 17. allo 18. di 19. al 20. alla 21. di 22. da 23. a 24. dal 25. di 26. di 27. in 28. dell' 29. di 30. dalle 31. del 32. delle 33. di 34. di 35. di 36. a, a 37. di 38. per 39. di 40. di 41. delle 42. dalla, dal 43. dai 44. di 45. con 46. di 47. alla 48. di 49. di 50. a 51. di 52. con 53. di 54. da 55. in 56. di

17. 1. a 2. a 3. di 4. di 5. a 6. a 7. a 8. a 9. a 10.a 11. ad 12. a 13. di 14. di 15. dal 16. di 17. di 18. a 19. di 20. di 21. a, a 22. per 23. di 24. di 25. ad 26. di 27. di 28. a

18. 1. Siamo contenti dei risultati 2. Mario è gentile con tutti 3. Sua sorella era pazza di gioia. 4. Fumare è dannoso alla salute. 5. Davide è geloso di sua sorella. 6. Il camion era carico di legno. 7. Il padre di Silvio era cieco di/dalla rabbia. 8. Questo frutto è ricco di vitamine. 9. La comitiva è pronta a partire/per la partenza. 10. Perché sei invidioso/a del tuo vicino? 11. La traduzione è piena di errori. 12. Chi è responsabile dell'incidente? 13. Mia sorella è brava in matematica. 14. Nessuno è libero da pregiudizi. 15. I miei genitori sono interessati all'offerta. 16. Il nostro liceo è intitolato a Giovanni Verga. 17. Questo comportamento è indegno di un professore. 18. Vado male in fisica. 19. Questa strada è chiusa al traffico. 20. La fotocopia è identica all'originale. 21. Tre politici sono coinvolti in questo scandalo. 22. La lettera è indirizzata a mio nonno. 23. Questo prodotto è tipico della nostra zona. 24. Mia moglie è allergica ai peli di gatto. 25. Massimo è innamorato di Antonia. 26. È delusa dalla vita. 27. Vi siamo molto grati per il vostro aiuto. 28. Una buona conoscenza dell'inglese è indispensabile per questa attività.

19. 1. a 2. negli 3. A, in 4. al 5. a 6. alle 7. sulle 8. da 9. sulla, della 10. nella, dalla 11. con 12. nell' 13. dell' 14. dalle 15. all', del 16. da, dal 17. sulla 18. allo 19. fino alle 20. del 21. a, di 22. alla 23. dall', in 24. fuori 25. nelle/fra le 26. a 27. al 28 a 29. col 30. del 31. sui 32. nell' 33. di 34. per 35. a 36. a 37. in 38. per 39. alle 40. alla 41. al 42. a 43. su 44. coi 45. di fronte al 46. del, da 47. della 48. di 49, con, nel 50. a, di 51. per 52. a 53. del 54. al 55. sul, degli 56. da 57. a

20. 1. a, in 2. senza 3. al, in 4. dei 5. di 6. Tra 7. Tra 8. da, per 9. senza 10. in 11. Al 12. a 13. dei, da 14. della 15. a 16. sul 17. nel, del 18. al 19. col 20. all' 21. sul 22. Al 23. a, dell' 24. col 25. dal 26. Del 27. d' 28. dopo

21. 1. per 2. da 3. di 4. a 5. di 6. a 7. a 8. da 9. a 10. a 11. di 12. a 13. di 14. di 15. a 16. di 17. a/per 18. di 19. dal 20. a 21. di 22. a 23. – 24. di 25. di 26. di, a 27. di 28. di 29. a 30. di 31. nel 32. a 33. a 34. di 35. di 36. dal 37. di 38. a 39. a 40. di 41. a 42. a 43. di 44. di 45. a 46. a 47. a 48. a 49. a 50. di 51. a 52. di 53. A, a 54. di 55. di 56. a 57. dal 58. di 59. a 60. da 61. da 62. di 63. a, a 64. a 65. di 66. di 67. ad 68. di 69. a, di 70. di 71. a, dal 72. di 73. a 74. di 75. di 76. a 77. a 78. di 79. di 80. di 81. dal

22. 1. di 2. a 3. da 4. di 5. a 6. in, a 7. a 8. a 9. ad 10. di 11. a 12. a 13. a 14. da 15. per/da 16. da 17. da 18. a 19. da 20. da 21. da 22. a 23. a 24. di 25. di 26. a 27. a 28. di

23. 1. di 2. dagli 3. d' 4. di 5. di 6. alla 7. dai 8. con 9. in 10. ai 11. con, per 12. in 13. con 14. alla 15. in 16. in 17. di 18. sul 19. alla 20. a 21. Di 22. di 23. ai 24. per 25. dal 26. alle 27. da 28. in 29. del 30. dai 31. all' 32. degli/negli 33. della 34. dalla 35 del, con 36. di 37. dal 38. sui 39. al 40. Da 41. negli 42. A 43. di 44. di 45. per 46. di 47. da 48. di 49. a 50. di 51. di 52. per 53. al 54. da 55. della

24. 1. Mi (ac)contento di poco. 2. Hanno sparato al ministro. 3. La popolazione soffre la fame. 4. Perché la mamma ti ha sgridato? 5. Mi sono innamorato della sorella di Luigi. 6. Si è separata dal suo fidanzato due mesi fa. 7. Secondo me ti dovresti scusare con lei. 8. Invidio la mia collega per la sua buona conoscenza dell'inglese. 9. Molti studenti dipendono finanziariamente dai loro genitori. 10. Aspettate mio fratello! 11. Dovresti fare un po' più attenzione/stare un po' più attento/a alla tua salute. 12. Mi sono arrabbiato/a con mio fratello. 13. Speriamo in un futuro migliore. 14. L'esame si compone/consta di/consiste in una traduzione e un'interpretazione. 15. Chi si occupa dei bambini? 16. Il medico l'ha dissuasa/sconsigliata dal fare/le ha sconsigliato di fare questo viaggio. 17. Avete mancato alla legge. 18. Credi negli oroscopi? 19. Mi interesso di arte moderna. 20. I miei colleghi si sono congratulati con me per la mia promozione. 21. Scusi, ho sbagliato porta. 22. Gli ho chiesto un favore. 23. Il testo è pieno zeppo di errori. 24. Non mi voglio immischiare/intromettere nelle tue faccende. 25. Soffermiamoci ancora un po' su questo problema. 26. Mi devo preparare all'esame d'inglese. 27. L'ho riconosciuta dalla voce. 28. Nessuno sarà in grado di dissuaderlo/distoglierlo dalla sua decisione. 29. Insisto nella correzione della fattura. 30 Voleva vendicarsi della/sulla sua ex moglie. 31. Ricordi il signore/Ti ricordi del signore dai capelli brizzolati? 32. I delinquenti/criminali volevano estorcere cinque milioni di euro all'imprenditore. 33. Perché non l'hai invitato alla tua festa? 34. Mia nonna si è ammalata di polmonite. 35. A quella notizia, sua madre scoppiò in lacrime/a piangere. 36. Siamo contenti che i nonni verranno/vengano a trovarci. 37. Che ne pensi di questa soluzione? 38. L'autore si riferisce a un caso concreto. 39. Mi rallegro del bellissimo anello. 40. Non è disposto a dimettersi dalla carica di sindaco. 41. Non voglio essere coinvolto/a nella vostra lite. 42. Rifletteremo sulla Sua proposta. 43. Tutti i dipendenti sono stati informati delle/sulle nuove direttive/linee guida. 44. È così che parli a tua madre? 45. Le ho ricordato/ricordai la sua promessa. 46. Non allontanarti troppo dalla riva! 47. Tutti devono contribuire alla riuscita della festa. 48. Ti devi rivolgere a uno specialista. 49. Ho deciso di candidarmi alla presidenza. 50. I genitori l'avevano avvertita di quest'uomo. 51. Lo prendono in giro./Si prendono gioco/Si beffano/burlano di lui. 52. Perché non hai ascoltato i tuoi genitori/hai dato retta ai tuoi genitori? 53. Non hanno ancora risposto alla mia lettera. 54. Suo figlio partecipa attivamente alla lezione. 55. Dopo lo scandalo, molti si sono dissociati da lui. 56. Mi sono meravigliato del suo comportamento.

25. 1. nella 2. del 3. di 4. a 5. sopra 6. di 7. alla 8. del 9. A 10. dal 11. nei 12. al 13. di 14. con 15. da 16. di 17. a 18. per 19. di 20. sulla 21. di 22. del 23. di 24. a 25. per 26. in 27. con 28. per 29. al 30. da 31. davanti alla 32. di 33. di 34. sulla 35. di 36. a 37. di 38. per 39. davanti alla 40. per 41. sulla 42. sui 43. del 44. del 45. dal 46. delle 47. a 48. per 49. a 50. di/in 51. di 52. di 53. da 54. all' 55. nella 56. alle 57. contro 58. con 59. in 60. a 61. di 62. con 63. di 64. in 65. a 66. di 67. del 68. d'/all' 69. dal 70 nella 71. con 72. con 73. in 74. di 75. di 76. a 77. alla 78. di 79. con 80. di 81. di 82. con 83. tra 84. contro di 85. per 86. dal 87. di 88. di 89. contro 90. a 91. A 92. a 93. di 94. con 95. di 96. a 97. di 98. a 99. a 100. di 101. nell' 102. di 103. con 104. di 105. ai 106. di 107. sulla 108. nelle 109. di 110. di 111. per 112. a 113. senza 114. di 115. davanti alla 116. sulla 117. in 118. di 119. con 120 alla 121. a 122. fino al 123. sui/nei 124. in 125. sulla 126. dall' 127. dai 128. a 129. in 130. a 131. di 132. di 133. nelle 134. con 135. di 136. nei 137. dalle 138. dai 139. nei 140. all' 141. di 142. da parte degli .

2. Teil

1. 1. Deve scendere alla terza fermata. 2. Quella sera era ubriaco. 3. La scuola comincia/inizia il 15 settembre. 4. Bisogna tenere il cane al guinzaglio. 5. Che cosa hai fatto il fine settimana? 6. La coda al casello è di due chilometri. 7. Che cosa è successo dopo la cena di sabato? 8. Il vestito mi sta stretto di spalle. 9. Ho consegnato la chiave alla reception. 10. Che cosa non ti piace della scuola? 11. Al tuo posto/Al posto tuo/Se fossi in te non ci andrei più. 12. Alluvioni e frane sono all'ordine del giorno in Italia. 13. A chi tocca? 14. Avevo mal di testa perché la sera prima avevo bevuto troppo. 15. Alle pareti erano appese foto di Firenze. 16. Che cosa trovi in lei? 17. La commessa mi è sembrata sull'orlo di una crisi di nervi. 18.

Roberto sta facendo i compiti. 19. I miei genitori hanno comprato una casa in periferia. 20. Oggi andiamo in/alla spiaggia. 21. Il pedone è morto sul luogo dell'incidente. 22. Gli ho telefonato in mattinata. 23. Mia sorella è stata operata di appendicite. 24. Devo farmi tre iniezioni al giorno. 25. La Germania confina a nord con la Danimarca. 26. L'hotel si trova proprio sul mare/in riva al mare. 27. Il bagno è in fondo al/alla fine del corridoio. 28. Avrei una domanda da farLe. 29. Sua moglie sta tutto il giorno sdraiata sulla spiaggia. 30. Michele studia canto al conservatorio. 31. Non ci sono più biglietti per il concerto di sabato. 32. È una decisione presa a tavolino. 33. Domani andiamo sull'Adriatico. 34. Rimanga/ Resti in linea! 35. Mettiamoci al lavoro/a lavorare! 36. Al secondo semaforo c'è stato un incidente. 37. Aveva il dito sul grilletto. 38. C'è un vasto assortimento di letteratura straniera. 39. Qual è la materia che ti piace di più? 40. Il caporeparto ha fatto appello al senso di responsabilità dei dipendenti. 41. Perché sfoghi il tuo cattivo umore sempre su di me? 42. Rispondi al telefono, per favore? 43. La/Di/Alla sera rimango sempre in/a casa a guardare la televisione. 44. Mio marito trova da ridire su tutto. 45. Mario disturba continuamente/in continuazione. 46. Prendi esempio da tuo cognato. 47. Vorrei chiederLe un favore./Avrei una preghiera da rivolgerLe. 48. L'ho riconosciuta dalla voce. 49. La vendita di alcolici ai giovani al di sotto dei 18 anni è proibita. 50. Una lisca mi è andata di traverso. 51. Questo è un crimine contro l'umanità. 52. Londra è/si trova sul Tamigi. 53. Il signor Rossi è desiderato al telefono. 54. Tutti i farmaci erano stati testati a lungo sugli animali. 55. Mi hanno liquidato sulla porta. 56. Mettetevi a tavola. 57. Ho dormito dodici ore di fila. 58. Dobbiamo risparmiare sul mangiare. 59. Di per sé hai ragione. 60. Va a bordo campo per farsi curare. 61. Ci siamo incontrati a Palazzo Pitti. 62. La ditta si trova sull'orlo del fallimento. 63. Il numero di persone che vivono ai margini della società è in continuo aumento. 64. Gli avevano legato mani e piedi. 65. Complimenti alla cuoca! 66. Questo mi sta molto a cuore. 67. Manca lo stretto necessario. 68. Sto lavorando alla mia tesi. 69. I bambini sedevano/stavano seduti al tavolo. 70. Dal soffitto pendeva un enorme lampadario. 71. Tutti i libri sono al loro posto. 72. Angelo non ha risposto al cellulare. 73. Secondo me, questa è una scusa tirata coi capelli. 74. Prima o poi la verità viene alla luce/a galla. 75. Il ragazzo tremava in tutto il corpo. 76. È morto soffocato da un pezzo di carne. 77. Cosa non ti piace di questo vestito? 78. Mio nonno è morto di polmonite. 79. A questo incrocio ci sono spesso degli scontri/incidenti. 80. Un taxi si fermò sul bordo/ margine/ ciglio della strada. 81. C'era una lunga fila (davanti) allo sportello. 82. Gli manca il senso dell'umorismo. 83. Mi sono fatto/a male alla mano. 84. Il capo pretende molto dai suoi dipendenti. 85. Si buca da tre anni. 86. Non voglio essere l'ultima ruota del carro. 87. Non c'è dubbio sulla sua colpa. 88. Silvia è molto affezionata a sua nonna. 89. A chi è indirizzata la lettera? 90. Si può sempre rivolgere a me./Si può rivolgere a me in qualsiasi momento. 91. C'è un grande bisogno di operai/lavoratori qualificati/ specializzati. 92. L'ammalato è attaccato alla flebo. 93. Il nostro vagone/La nostra carrozza si trova in coda al treno. 94. Mario parla inglese meglio di tutti noi. 95. Il governo non deve mollare. 96. Tuo cognato prende/mena tutti per il naso. 97. Perché il ministro ha annullato la sua partecipazione alla riunione? 98. Chi non è stato ancora alla lavagna? 99. Sua sorella ha le lacrime in tasca/la lacrima facile. 100. Ci diamo il cambio al volante. 101. Si tenga/regga bene alla ringhiera. 102. Prendi il ragazzo per la mano. 103. L'hotel è situato/si trova ai piedi della montagna. 104. In quale scuola insegna? 105. Siamo/Ci troviamo in fondo alla classifica. 106. Tutto va/fila liscio come l'olio. 107. Nostra figlia ha la brutta/cattiva abitudine/ il brutto vezzo/di mangiarsi le unghie.

2. 1. Siediti sulla sedia. 2. Mi telefoni a questo numero. 3. Devo andare al mercato. 4. Nell'isola Bella si trova un famoso giardino, (che è) ricco di piante rare. 5. Non sono uno specialista in questo campo. 6. Nelle/Sulle colline si produce soprattutto vino. 7. Abitiamo sullo stesso piano. 8. Il televisore l'abbiamo comprato a rate. 9. Non voglio entrare/scendere nei dettagli. 10. Siamo di passaggio. 11. Siamo molto attenti alla qualità. 12. Brindiamo alla buona riuscita di questo progetto! 13. I sostantivi uscenti/terminanti in –zione sono tutti femminili. 14. Suo fratello comincia a darmi ai/sui nervi. 15. Non avevo guardato l'orologio. 16. Ci siamo incontrati qualche volta per caso per le scale. 17. Ho ricevuto una telefonota al cellulare. 18. In punta di piedi scendemmo/facemmo gli ultimi gradini. 19. Si tratta di furto su commissione. 20. Mi piace vivere in campagna. 21. È stato amore a prima vista/un colpo di fulmine. 22. Non ho incontrato nessuno per strada. 23. Gli ho lasciato un messaggio sulla segreteria telefonica. 24. Devo andare in commissariato. 25. Ho messo la sveglia alle sette. 26. Sono a dieta da una settimana. 27. La flotta navigava in mare aperto. 28. Ho la parola sulla punta della lingua. 29. Perché non sei andato/a alla festa? 30. Tengo molto alla puntualità. 31. La pace nel mondo è forse un sogno irrealizzabile? 32. Perché non hai ascoltato i tuoi genitori/dato retta ai tuoi genitori? 33. Siamo andati a trovare i nostri amici in campeggio. 34. Molti credono ancora oggi che le stelle abbiano una misteriosa influenza sul carattere delle persone. 35. Il professore ci ha preparati/o bene per gli esami. 36. Antonella è gelosa di sua sorella 37. Sono in cerca di lavoro. 38. Non camminare in mezzo alla strada, sali sul marciapiede. 39. Gli attori escono sul palcoscenico. 40. La nonna è sorda da un orecchio. 41. L'accusa è di rapina. 42. Non si può fare affidamento su di lui/contare su di lui./Non ci si può fidare di lui. 43. Il ladro è stato colto sul fatto/in flagrante/preso con le mani nel sacco. 44. Pregustavo già un tranquillo fine settimana. 45. La moglie di Mario sta con i piedi per terra. 46. Voglio andare sul sicuro. 47. Non mi reggo più in piedi/sulle gambe. 48. Verremo in ogni caso al tuo matrimonio. 49. Passiamo dall'altro lato/dall'altra parte! 50. Da quell'orecchio non ci sente! 51. Angela è stata assunta in prova. 52. Lisa e Roberto sono in viaggio di nozze. 53. Il rispetto è reciproco. 54. È da tre anni che batte il marciapiede. 55. Hai gli occhi foderati di prosciutto? 56. Gli studenti sono scesi in piazza. 57. Quest'anno il mio compleanno cade di domenica. 58. In questo viaggio abbiamo unito l'utile al dilettevole. 59. Lavoriamo a orario ridotto. 60. Ho visto la ragazza salire in bicicletta. 61. Solo su ordinazione. 62. Bisogna tenersi aggiornati/al corrente. 63. Oggi andiamo/si va al campo sportivo. 64. Devo andare in segreteria. 65. Chi è la ragazza nella/della foto? 66. I bambini giocano sul prato. 67. Guarda la foto a pagina 10. 68. Il prof di mate m'ha preso/a di mira. 69. Vado a fare un salto da Lidl. 70. Tu prendi tutto troppo alla leggera. 71. Scusami/Mi scusi, ho bisogno di andare al/in bagno. 72. Usciamo sul balcone! 73. I bambini camminavano a quattro zampe/andavano carponi/gattoni. 74. Voglio camminare con le mie gambe. 75. A tuo rischio e pericolo! 76. Abbiamo passato dieci giorni in Corsica. 77. Brindiamo alla buona riuscita del nostro progetto! 78. Io dormo sempre a pancia in su/supino. 79. Nostra figlia ha passato l'esame di guida al primo tentativo. 80. I nostri vicini sono all'isola d'Elba/(fam.) all'Elba. 81. La mia macchina consuma otto litri ogni 100 kilometri. 82. Il danno ammonta a tremila euro. 83. I bambini sono nel parco giochi.

3. 1. Sono di Bari 2. Mia moglie viene da Firenze. 3. Ci sono studenti di tutto il mondo. 4. Questa pianta è originaria dell'Estremo Oriente. 5. Parlo per esperienza personale. 6. L'ho sposata per amore. 7. Ho cancellato i dati per svista/sbaglio. 8. La minigonna è passata di moda. 9. Dal legno del pioppo si estrae la cellulosa con cui si fa la carta. 10. La mia ragazza (pro)viene da una famiglia di medici. 11. Una donna guardava (fuori) dalla finestra. 12. Ci siamo andati per pura curiosità. 13. Dagli altoparlanti giunge/viene musica jazz. 14. Ci siamo persi di vista. 15. Con le olive si fa l'olio. 16. Ho visto il bambino uscire da scuola. 17. L'osservavo con la coda dell'occhio. 18. Questo gelato è di produzione propria. 19. Questa chiesa è del Cinquecento/sedicesimo secolo. 20. Quella notizia è stata per me un fulmine a ciel sereno. 21. Sono andato/a fuori tempo. 22. Lontano dagli occhi, lontano dal cuore. 23. La posso aiutare a togliersi il cappotto? 24. I tifosi cantano a squarciagola. 25. Un'indovina mi ha letto la mano. 26. Davide è un ragazzo della III A.

4. 1. Ieri sera siamo stati da Mario. 2. Abbiamo festeggiato a casa di Mario. 3. In quell'occasione sua moglie indossava un vestito blu. 4. Non riesco a concentrarmi con questo rumore. 5. Il padre di Angelo lavora alla/presso la/in Fiat. 6. Non mi ero accorto di essere passato col rosso. 7. Questi prodotti li ho comprati da Lidl. 8. Con questo tempo non esco. 9. A pranzo c'erano anche i nonni. 10. Le hai chiesto scusa?/Ti sei scusato/a con lei? 11. Silvia abita ancora con i/dai genitori. 12. Questa parola l'ho trovata nel Boccaccio. 13. Maria è di gran lunga/molto più intelligente di suo fratello. 14. Suo figlio ha perso la vita/è morto in un incidente d'auto. 15. I miei genitori abitano vicino a/presso Milano. 16. Con la sua intelligenza avrebbe potuto fare una brillante carriera. 17. Non sono su/iscritto/a a Facebook. 18. Dobbiamo passare anche da Carlo. 19. Ieri non sono stato all'allenamento. 20. Alla nascita nostra figlia pesava tre chili. 21. Nostra figlia si sveglia al minimo rumore. 22. Dormiamo sempre con le finestre aperte. 23. È pericoloso attraversare la strada con questo traffico. 24. La madre di Michele è morta di parto. 25. Per mantenersi in buona salute è indispensabile mangiare frutta e verdura. 26. La mamma mi aiuta a fare i compiti/con i compiti. 27. Il vicino l'ha denunciato alla polizia. 28. L'ho guardata mentre lavorava/stava lavorando./L'ho guardata lavorare. 29. Suo marito ha problemi sul lavoro. 30. Col brutto tempo c'è meno gente. 31. Non riesco a dormire con questo caldo. 32. Posso aiutarti con il lavoro? 33. Questo libro l'ho scovato da un antiquario. 34. Al solo pensiero mi sento rabbrividire. 35. Nostra figlia lavora alle Poste. 36. Flavio è nella/in polizia. 37. Vedo che sei distratto/a/non sei attento/a/non ci sei con la testa. 38. Glielo dirò alla prima occasione 39. In caso di nebbia 50 km 40. Con questa luce non posso/riesco a leggere. 41. Scherzi a parte. 42. Mi sono rotto/a la gamba sciando. 43. Mi ero sempre domandato perché Gianni avesse tanto successo con le ragazze. 44. Ho un appuntamento dal dentista. 45. Stiamo ancora mangiando. 46. Potresti passare da una pasticceria? 47. L'anno scorso/Lo scorso anno ho fatto pratica/tirocinio presso un avvocato. 48. Te lo giuro sul mio onore. 49. Se passi dal fornaio non dimenticare di ordinare i panini per sabato. 50. Lavorando/Mentre/Quando lavoro ascolto la radio. 51. Chi ha diretto questo film? 52. Al secondo tentativo ci sono riuscito. 53. La mia collega cerca di accattivarsi le simpatie del capo. 54. Al/Per il momento non sto bene a quattrini. 55. Non faremo un'eccezione per lui. 56. Nostro figlio si è lamentato col preside della professoressa di matematica. 57. Con tutta la buona volontà, ma adesso stai esagerando. 58. Lasciamo la cosa com'è. 59. Non è uno di quei colleghi che vogliono fare tutto da soli per fare bella figura con i superiori. 60. Non ci vedo nulla di male. 61. Che male c'è? 62. Il padre di Germana lavora alla televisione. 63. È stata contagiata da sua sorella. 64. L'hanno bocciato all'esame di guida. 65. A un esame più attento, abbiamo scoperto che la firma era falsa/falsificata. 66. Il malato è di nuovo cosciente. 67. Al momento dell'addio ho pianto. 68. La mia decisione rimane. 69. Sono in cura dal dottor Fasola. 70. Tutto resta come prima. 71. Io resto/rimango del mio parere. 72. La signora Conte è molto amata dai suoi studenti. 73. L'abbiamo aiutato/Gli abbiamo dato una mano a fare il trasloco/con il trasloco. 74. Per lui i soldi non hanno importanza. 75. Ti prendo in parola. 76. Così non otterrai niente da lui. 77. Ti ha dato di volta il cervello? 78. Sono stato/a operato/a senza anestesia. 79. Con la disoccupazione che c'è, è difficile trovare un lavoro. 80. Ti aiuto a lavare i piatti. 81. Mangiando guardo la telvisione.

5. 1. Dobbiamo lavorare fino alle sette. 2. Ho accompagnato i bambini fino a scuola. 3. Da quando fino a quando durò la guerra dei trent'anni? 4. I giovani sono restati in discoteca/nella loro discoteca fino a tarda notte. 5. Mancano cinque minuti alla fine del primo tempo. 6. A dopo! 7. Ha promesso di restituire i soldi entro la fine dell'anno. 8. Per l'ora di pranzo ho/avrò finito. 9. C'erano tutti, tranne/meno/eccetto/salvo Giuseppe. 10. Per venerdì al più tardi/Entro venerdì la riparazione deve essere finita. 11. Abbiamo lavorato fino allo sfinimento. 12. Ho sempre lezione fino all'ultima ora. 13. La gonna mi arriva al ginocchio. 14. Con te andrei in capo al mondo. 15. Il bandito era armato fino ai denti. 16. Fino a quindici giorni fa tutto andava bene.

6. 1. Abbiamo viaggiato attraverso la Spagna. 2. Il ladro era fuggito dall'uscita posteriore. 3. Il sedici è divisibile per due. 4. Il gatto entrò dalla finestra aperta. 5. La città fu distrutta da un terremoto. 6. L'ho appreso tramite un conoscente. 7. Nuotando si irrobustisce il corpo. 8. Il brutto tempo ha mandato a monte/all'aria i nostri piani. 9. Il nostro professore di tedesco parla col naso. 10. A causa delle forti piogge il sentiero è diventato impraticabile. 11. Il fiume Arno passa/scorre per Firenze. 12. Suo figlio è morto in un incidente. 13. Sono stato/a sveglio/a tutta la notte. 14. Gli ho detto velatamente/in modo velato che non voglio uscire con lui. 15. Ha perso per k.o./ko. 16. Sbagliando s'impara. 17. Erano ubriachi senza alcuna eccezione/nessuno escluso. 18. Il nostro capo brillò per la sua assenza.

7. 1. Questo regalo è per Edda. 2. Questi posti sono riservati per voi. 3. Mi interesso di pittura. 4. La riunione è stata convocata per le ore quindici. 5. La causa principale di questo fenomeno è sicuramente l'inquinamento. 6. Si dovrebbe/Bisognerebbe fare più pubblicità a questo prodotto. 7. Ci ho messo/Ho impiegato/Mi ci è voluta un'ora a/per tradurre questo testo. 8. Il Comune non ha ancora dato (il) via libera al progetto. 9. Non si possono fare delle previsioni esatte sul futuro. 10. Io sono a favore di/sono per questa mozione. 11. Quel ragazzo non fa per te. 12. Il centro della città è chiuso al traffico. 13. Il nostro professore di latino non ha il senso dell'umorismo. 14. Mi sono iscritto/a al corso di francese. 15. I fatti parlano da sé. 16. Il Vaticano è un mondo a sé. 17. Ognuno per conto suo/proprio/per sé..

8. 1. Tutti sono contro di me. 2. Dobbiamo giocare contro il Bayern. 3. Questo medicinale è disponibile solo su prescrizione medica. 4. Il bambino ha sbattuto la testa contro lo spigolo del tavolo. 5. È andato a sbattere/schiantarsi con l'auto contro un albero. 6. Faremo ricorso contro la sentenza. 7. Sono contrario/a alla/contro la violenza. 8. Abbiamo lasciato la discoteca verso l'una. 9. Per il mio mal di schiena il medico mi ha prescritto dei massaggi. 10. Il prof di mate ce l'ha con me. 11. L'hanno/È stato liberato su cauzione. 12. Parlare con lei è come parlare al muro. 13. I bambini dovrebbero essere vaccinati contro il morbillo.   14. Consegna solo dietro pagamento in contanti 15. Sono un principiante rispetto a lui.

9. 1. Dietro la/alla casa c'è uno scivolo. 2. Sono contento di aver superato l'esame. 3. Il mio collega ha già tre matrimoni alle spalle. 4. Il ragazzo andò dietro allo straniero/al forestiero. 5. Adesso sta in galera/dietro le sbarre/vede il sole a scacchi. 6. Giovanna è andata in discoteca alle spalle/ all'insaputa dei/di nascosto dai genitori. 7. Camminavano uno dietro l'altro. 8. La bambina si nascose dietro alla mamma. 9. Legatela al dito!

10. 1. Abitiamo al terzo piano. 2. La signora del terzo piano è turca. 3. Abitiamo al centro di Milano. 4. Devo tradurre questo testo dal tedesco in italiano. 5. Chiara è brava in latino. 6. La gonna mi sta larga di vita. 7. Sandro è assente/manca da scuola da parecchi giorni. 8. Prendimi fra le braccia. 9. I risultati sono migliorati rispetto allo scorso anno. 10. L'italia meridionale/del Sud in paragone dell' Italia del Nord/settentrionale e del Centro/centrale ha un tasso di disoccupazione molto più alto. 11. Angelo è innamorato di Silvia. 12. Sono un po' sotto stress. 13. Il suo nome è su tutti i giornali. 14. Questo avvenimento è passato alla storia. 15. Non crederai sul serio che abbia fatto tutto da solo? 16. La cosa potrà andare per le lunghe. 17. Sullo sfondo si riconosce il Ponte dei Sospiri. 18. Ti passano/girano troppe cose per la testa. 19. Negli ultimi tempi/Ultimamente non ti sei sforzato/a/impegnato/a abbastanza. 20. Vado male in fisica. 21. Non ho trovato questa parola sul/nel dizionario. 22. La chiesa di San Marco risplendeva al sole pomeridiano. 23. La ragazza scoppiò a piangere/in lacrime. 24. L'ho guardata negli occhi. 25. Avevo fatto un nodo al fazzoletto. 26. Il nostro inquilino è in ritardo/arretrato con l'affitto. 27. Tuo zio parla per enigmi. 28. Il mio nome non è nell'/ sull'elenco telefonico. 29. Navigo spesso su/in internet. 30. Di regola i miei studenti si comportano bene. 31. In un certo senso hai ragione. 32. La polizia è riuscita a far(e) luce sul caso. 33. Quest'anno il verde è di gran moda. 34. Molti italiani lavorano all'estero. 35. La maestra tiene d'occhio tutta la classe. 36. Ora vedo la faccenda sotto una luce diversa. 37. Mio fratello va alla/frequenta la seconda elementare. 38. Su questo punto non sono d'accordo. 39. Si credevano/Si sentivano al sicuro. 40. Siamo tutti sulla stessa barca. 41. Andavano a braccetto. 42. Bevi la camomilla a piccoli sorsi/a sorsetti. 43. Tra qualche giorno ti sarai pentito/a di questa decisione. 44. I miei documenti sono tutti in regola. 45. Domani abbiamo inglese alla terza ora. 46. Questo è un vino che taglia le gambe. 47. Fra un'ora siamo/saremo a casa. 48. A scacchi è imbattibile. 49. Sono andato/a al supermercato che si trova vicino alla chiesa. 50. Andremo al concerto. 51. Angelo ha il braccio ingessato. 52. Gli ospiti erano rimasti bloccati in/sull' autostrada. 53. Qual è l'orario delle visite all'ospedale? 54. Mio suocero è stato ricoverato in ospedale. 55. Marco è molto bravo a scuola. 56. Sei pratico/a della città? 57. Mi piacciono i cuori di carciofo sott'olio. 58. Mi piace il cappotto che c'è in vetrina. 59. Mi piace fare colazione a letto. 60. Che cosa ti hanno detto all'ufficio informazioni? 61. Al/Nel centro della piazza c'è un monumento ai caduti. 62. Questa musica era molto popolare/in voga negli anni 50. 63. L'ho sentito alla radio. 64. L'ho sentito poco fa al giornale radio. 65. Cantiamo tutti in un coro. 66. due volumi in cofanetto 67. Ieri sera siamo andati a un concerto. 68. Suo padre è un esperto di numismatica. 69. Mi piace andare al museo. 70. Bisogna portarla al pronto soccorso. 71. Mia moglie va in maternità a fine settembre. 72. A Palazzo Grassi a Venezia ci sono sempre mostre interessanti. 73. La conferenza avrà luogo nell'aula magna. 74. Il ragazzo era sulla sedia a rotelle. 75. Si accomodi un attimo in sala d'attesa. 76. Mio figlio non vuole andare all'asilo. 77. Ci siamo conosciuti in/sul treno. 78. Che cosa fai nel tuo tempo libero? 79. Nostro figlio mangia alla mensa scolastica. 80. Cosa hai fatto durante le/nelle vacanze? 81. Ho un forte dolore al braccio destro. 82. È ora di andare a letto. 83. Posso andare al/in bagno? 84. La moglie di Mario è in stato interessante. 85. I bambini giocano in/nel cortile. 86. Tante grazie anticipatamente/in anticipo. 87. Abbiamo rivisto il gol alla moviola/al rallentatore. 88. Sono in menopausa. 89. In un secondo tempo il mio collega ha riconosciuto di aver fatto un errore. 90. Maria e Franco sono in luna di miele. 91. Per il/Al momento non possiamo fare niente per Lei. 92. La posso aiutare a mettersi il cappotto? 93. Siamo finiti/Ci siamo messi nei guai. 94. La ditta è in crisi. 95. Gli venne assegnato il Premio Nobel in riconoscimento dei suoi grandi meriti scientifici. 96. Mia moglie si è tagliata il ditto. 97. Piove a dirotto/a catinelle/che Dio la manda. 98. Abbiamo la situazione sotto controllo. 99. Lì si può camminare solo in fila indiana. 100. Lei è l'anello più debole della catena. 101. Ho conosciuto mia moglie a un corso di aggiornamento. 102. Ero soprappensiero/sovrappensiero; non ho sentito quello che mi hai detto. 103. Angela è incinta di cinque mesi/al quinto mese. 104. Sua moglie era al settimo cielo. 105. La polizia sta indagando su questo caso. 106. Mia sorella si guarda in continuazione allo specchio. 107. Prendo lezioni private di russo. 108. Abbiamo tutti/tutte la stessa età./Siamo tutti/tutte coetanei/coetanee. 109. Mi siedo in/sulla poltrona e mi accendo un sigaro. 110. Il libro non è ancora in commercio. 111. Alla tua età ero già sposato/a. 112. Non fate le orecchie ai libri!

113. In aula non potete giocare a pallone. 114. Questa parola si usa solo al singolare. 115. Ha vinto al terzo round/alla terza ripresa. 116. Il mio partito è all'opposizione. 117. Una mia cugina ha deciso di entrare in convento/farsi suora. 118. Il Danubio nasce nella Foresta Nera. 119. Il libro è in (corso di) stampa. 120. In/D' inverno molti uccelli migrano verso sud.

11. 1. Vieni al cinema con me? 2. Stamattina mi sono svegliato/a con il mal di testa. 3. Mi sono sposato/a a venticinque anni/all'età di venticinque anni. 4. Tutti questi problemi sono strettamente collegati fra loro. 5. Tutto era cominciato dalla protesta contro la legge sul divorzio. 6. Il muratore lavorava a torso nudo. 7. Siamo fortunati col tempo. 8. Non si addita la gente./Non si mostra a dito la gente. 9. La valle d'Aosta è una regione a statuto speciale. 10. La nostra macchina va a gasolio/diesel. 11. Questa decisione comporta/solleva molti problemi. 12. Andare a velocità elevata significa mettere in gioco la propria vita e quella degli altri. 13. Siamo molto contenti del rendimento scolastico di nostra figlia. 14. Ho iniziato dal nulla./Sono partito/a da zero. 15. Lisa porta fuori/a spasso il cane. 16. L'impiegato fece spallucce/si strinse nelle spalle. 17. Che c'entro io? 18. Daniele ha superato l'esame di maturità a malapena/a stento/per il rotto della cuffia. 19. Non schioccate le dita! 20. Rimase a bocca aperta. 21. Non si parla con la bocca piena. 22. Che cosa Le succede? 23. I suoi genitori mi hanno accolto a braccia aperte. 24. Ci siamo intesi/fatti capire a gesti. 25. Vado sempre a scuola in/con la bicicletta. 26. Non voglio arrivare a mani vuote. 27. Il latte viene trasportato dalla fattoria alla fabbrica con l'autobotte. 28. Paolo è un ragazzo dalla volontà di ferro. 29. Il cane guarda il suo padrone con la lingua fuori. 30. È una nota scritta a matita. 31. A quel tempo ero incinta del nostro primo figlio. 32. Che cosa ho fatto di male per meritarmi tutto questo? 33. Col tempo tutto si accomoda/aggiusta. 34. Non mi soffermerò sui particolari/dettagli 35. Angelo è una persona di principi. 36. Il cane muove/dimena la coda/scodinzola. 37. Bisogna temere/aspettarsi il peggio. 38. Antonia è una giovane donna che ha un grande avvenire/una giovane donna promettente.

12. 1. Domani andiamo a Napoli. 2. Il treno per Napoli parte fra/tra cinque minuti. 3. Giovanni ha proseguito per Napoli. 4. A mio avviso/giudizio/parere tuo padre ha torto. 5. I suoi capelli erano pettinati all'indietro. 6. frutta a scelta 7. La ragazza si chinò in avanti 8. Abbiamo diviso i candidati per età e per sesso. 9. Erano le dieci passate da poco. 10. C'è odore di gas. 11. Appena alzato/a mi faccio la doccia. 12. Questa minestra non è di mio gusto. 13. Stando così le cose, ti devo dare ragione. 14. Queste scarpe sono fatte su misura. 15. Lo conosco solo di nome. 16. Il verbo concorda col soggetto. 17. Bisogna mandare qualcuno a chiamare il medico. 18. Tutto procede secondo i nostri desideri. 19. Ognuno a modo suo. 20. Il mio orologio fa le dieci./Io faccio le dieci. 21. Suo marito si gira/volta a guardare tutte le belle ragazze. 22. Suo zio puzza di tabacco. 23. Lisa è sempre vestita all'ultima moda. 24. A giudicare dall'aspetto è americano. 25. A quanto dice/A suo dire, è innocente. 26. Mi sono chinato per raccogliere il fazzoletto. 27. Pare che voglia piovere. 28. La mia vecchia scuola elementare è intitolata a Giosuè Carducci. 29. Dedotte le spese, mi rimane ben poco. 30. Li abbiamo invitati a casa nostra. 31. Sono le otto e cinque. 32. Dopo tre anni di convivenza si sono separati. 33. Questo va a peso. 34. Visite su appuntamento 35. Non spingere! Uno dopo l'altro! 36. A seconda del tempo, l'evento si svolgerà all'aperto o nella hall. 37. Dopo di me il diluvio. 38. Ci regoliamo su di voi. 39. Bisogna fare il bis. 40. Con ogni/tutta probabilità non sarà in grado di giocare domenica. 41. Ha vinto ai punti. 42. Questa minestra non sa di niente. 43. Angelo mi ha chiesto di te. 44. Cantiamo a prima vista. 45. Mio nipote suona il pianoforte a orecchio. 46. Claudio è arrivato dopo di me. 47. Mi piace dipingere dal vero. 48. A giudizio d'uomo dovrebbe funzionare. 49. Nessuno ha chiesto il tuo parere. 50. Hanno chiesto tue notizie. 51. La mia ragazza prova un grande bisogno di tenerezze. 52. È un bel salto/passo in avanti. 53. Dopo cena guardo la tivù. 54. Dopo mangiato mi riposo un po'. 55. La donna è caduta lunga distesa. 56. A giudicare dalla sua pronuncia è americano.

13. 1. Sopra di noi abita una famiglia greca. 2. Il ragazzo ha aiutato la signora ad attraversare la strada. 3. Un elicottero della polizia faceva dei giri sullo/sopra lo stadio. 4. Il ragazzo si sporse oltre il bordo della gondola. 5. Mio padre è già sopra i settant'anni. 6. Le sostanze chimiche che si introducono/introdotte nell'organismo attraverso il cibo o le medicine hanno effetti particolarmente dannosi. 7. Non si sa molto su di lui/sul suo conto. 8. Sono sparito/a attraverso una scala segreta. 9. Il ragazzo riuscì a saltare oltre il ruscello. 10. Leggendo nostra figlia dimentica tutto il resto. 11. Io la penso diversamente. 12. Il suo rendimento è al di sopra della/sopra la/superiore alla media. 13. Per/A Natale andiamo in montagna. 14. Metti/Stendi i pantaloni sulla sedia. 15. Abbiamo appeso lo specchio sopra il divano. 16. Ricevo la televisione tedesca via satellite. 17. Mio zio si arrabbia per un non-nulla. 18. Non c'è niente di meglio di un buon espresso. 19. Il governo ha fatto errori su errori.

14. 1. Mi alzo sempre alle sei. 2. Tutti stavano intorno a lei/le stavano intorno 3. Mi dispiace per lei. 4. A mezzanotte suonano le campane di tutte le chiese della città. 5. Il fatturato è diminuito/calato del 5%. 6. La terra gira intorno al sole. 7. Suo marito aveva la macchina fotografica al collo. 8. Peso sugli ottanta chili. 9. Per un pelo! 10. Provvederò a tutto. 11. Mio fratello vuole avere ragione a tutti i costi. 12. Occhio per occhio, dente per dente. 13. Sono preoccupato/a/Sto in pensiero/in pena per mio figlio. 14. La terra ruota intorno al/ attorno al/sul proprio asse. 15. Ho fatto domanda per una borsa di studio. 16. La ragazza ha gridato aiuto. 17, Gli hanno fatto la pelle. 18. La mia collega ha sempre la scusa pronta. 19. Per amor del cielo! 20. Hanno fatto a gara a chi beve di più. 21. Si tratta di un argomento molto delicato. 22. All'/D'improvviso girarono l'angolo. 23. Tutto ruota intorno a lui. 24. Non viene mai al dunque./Gira sempre intorno all'argomento. 25. Mi sono sbagliato/a di due euro. 26. Peccato per il vaso rotto. 27. All'angolo della strada un mendicante chiedeva l'elemosina. 28. Non lo farei per tutto l'oro del mondo

15. 1. Il cane dorme sotto il tavolo. 2. Fa/Ci sono dieci gradi sotto zero. 3. Mario sta facendo/è sotto la doccia. 4. Mia moglie soffre di emicrania. 5. Guardiamo sotto la "d". 6. Che cosa intendi per socialismo? 7. Tra gli ospiti c'era anche il preside del notro liceo. 8. Ho parlato con lei a quattr'occhi. 9. In queste circostanze non posso accettare la proposta. 10. Tutto il bagno era allagato/sott'acqua. 11. L'apparecchio è sotto tensione. 12. Il suo rendimento è inaccettabile/inammissibile/pessimo. 13. Abbiamo dormito a cielo aperto/ sotto le stelle. 14. Il suo rendimento è al di sotto della media/inferiore alla media. 15. L'hanno venduto sottoprezzo. 16. Il processo si svolse a porte chiuse. 17. Alcuni deputati abbandonarono l'aula protestando a gran voce. 18. Ci mancò poco che il bambino (non) finisse sotto il tram./Il bambino è quasi finito sotto il tram. 19. Soffro del cattivo ambiente di lavoro. 20. Non c'era nessuno tra (di) noi che sapesse la risposta. 21. Siamo sotto pressione. 22. Le temperature sono scese sotto (lo) zero/sottozero/al di sotto dello zero. 23. Mi raggiungi/trovi al numero ... 24. Tra le altre cose ho comprato un astuccio e due quaderni. 25. Me lo disse sotto il sigillo della segretezza. 26. Piangendo/In lacrime confessò l'omicidio. 27. Durante la settimana non ci possiamo occupare di queste cose.

16. 1. Questa è la bicicletta di Stefano. 2. Da chi hai ricevuto questo regalo? 3. La macchina è uscita di strada. 4. Che cosa vuoi da me? 5. Ti vengo a prendere alla stazione. 6. A parte la pioggia, la giornata è stata piacevole. 7. Ti ringraziamo di cuore. 8. La chiesa è a due passi da qui. 9. Mario è cieco dalla nascita. 10. Mi fai una foto? 11. Antonia è incinta di Mario. 12. Ti serve qualcosa dal mercato? 13. La risaia deve essere inondata da giugno a settembre. 14. I costumi tradizionali sono differenti da luogo a luogo. 15. La ragazza è scomparsa la notte tra sabato e domenica. 16. Paola aspetta un bambino dal fidanzato. 17. Hai copiato tutto dal tuo compagno di banco. 18. Sono della polizia. 19. Quattro studenti su dieci sono stati bocciati all'esame. 20. Prendo una birra alla spina. 21. Ho imparato molto dalla mia professoressa di matematica. 22. Lo sapevamo fin da principio/fin dall'inizio/già in partenza. 23. Che mestiere/lavoro fa tuo padre? 24. Prendo la bistecca ai ferri/alla griglia. 25. I nostri vicini sono già tornati dal loro viaggio in Spagna.. 26. È duro di comprendonio. 27. Non vuole saperne di sposarsi/di matrimonio. 28. Non sono mica nato/a ieri. 29. L'ho visto di/da lontano. 30. Potremmo spostare la lezione di latino da mercoledì a venerdì? 31. Temo che dobbiamo ricominciare daccapo/da capo.

17. 1. Davanti all'hotel c'è un bel parco. 2. Mia sorella ha paura dei cani. 3. Vi faccio strada. 4. Tocca a me. C'ero prima io (di Lei). 5. L'avevo avvertito del pericolo. 6. Questo giovanotto scoppia di salute/ha salute da vendere.. 7. Questo delinquente non si ferma davanti a niente/di fronte a nulla. 8. I giovani passano molto tempo davanti alla televisione. 9. Non ho segreti per mia moglie. 10. (Il) Natale è alle porte. 11. Il ladro si nascose dalla polizia. 12. Mi ha sbattuto la porta sul muso. 13. Mia sorella prova schifo per i ragni. 14. Sono le otto meno un quarto./Manca un quarto alle otto. 15. Il ragazzo tremava di/dalla/per la paura. 16. Lavati le mani prima di mangiare! 17. Ci siamo conosciuti tre anni fa. 18. Il paziente gemette dal/per il dolore. 19, Cercate soprattutto di non fare rumore! 20. Non posso venire prima delle dieci. 21. Porteremo il caso in tribunale.

18. 1. Devo andare dal medico. 2. Abbiamo festeggiato a casa di Stefano. 3. La/Di domenica vado a/alla messa. 4. Siamo venuti a piedi. 5. Che cosa bevi con la pizza? 6. Potremmo andare a teatro, tanto per cambiare. 7. Entriamo subito in argomento. 8. Questa cintura è dei pantaloni neri. 9. Tornando alla questione iniziale, … 10. alla cortese attenzione del sig. Rossi 11. La prossima settimana la Juve gioca in casa. 12. Con mia grande vergogna devo confessare che avevo/di aver dimenticato il nostro anniversario di nozze. 13. Per cominciare vorrei sottolineare due cose. 14. Passiamo ora ad un altro argomento. 15. La moda non è tra i miei interessi principali. 16. La Sardegna fa parte dell'Italia. 17. Mi sono congratulato/a con lui per la sua promozione. 18. Eravamo in due. 19. La nostra aula dà/si affaccia/guarda sul cortile. 20. Normalmente/Di solito mio marito torna a casa per pranzo. 21. È meglio venire subito al dunque/al sodo. 22. Mi ha spinto di lato. 23. Questo è vero, ma solo in parte. 24. Roberto è stato eletto rappresentante di classe. 25. Silvio è arrivato puntuale/puntualmente all'appuntamento. 26. Questo libro l'ho avuto a metà prezzo. 27. Abbiamo dato una festa in onore dei nostri ospiti. 28. Non sei mai sincero/a con me. 29. Vado in/all'edicola a comprare il Corriere della sera. 30. Vorrei porre una domanda sul regolamento interno. 31. Il mio collega non si è presentato/fatto vedere al lavoro. 32. Tanti auguri di buon compleanno! 33. Non mi voglio pronunciare su questa faccenda. 34. Per fortuna non ti sei fatto/a male. 35. Per colmo di sventura/E come se non bastasse avevo dimenticato la chiave di casa. 36. Per finire/concludere vorrei citare un verso di Dante. 37. Ti sei lamentato/a giustamente/a/con ragione. 38. Che cosa ti hanno regalato per il compleanno? 39. Che ne dici della sua proposta? 40. Sua figlia ha la stoffa della pianista. 41. Io sono tra quelli che criticano la riforma ortografica. 42. Spostati un po'/Fatti un po' da parte/Fatti un po' più in là, di modo che gli altri possano vedere quel che hai scritto. 43. Vorrei tre pizze da portar via. 44. Mi ha fatto ridere. 45. Che cosa hai mangiato a colazione? 46. Attualmente Luigi è a Palermo. 47. Ai miei tempi non c'era il cellulare. 48. Un gruppo di terroristi ha rivendicato l'attentato. 49. Con mio grande rammarico, non sono stato in grado di partecipare al viaggio.

19. 1. Di fronte al teatro c'è una gelateria. 2. Il percorso corre parallelo al fiume. 3. Non mi posso lamentare. È sempre gentile nei miei confronti/con me/verso di me. 4. Durante i miei studi di medicina/Mentre studiavo medicina ho fatto tirocinio in ospedale. 5. Chiuso per restauri. 6. Mia sorella non stava nella pelle dalla gioia. 7. L'accusato fu assolto per mancanza di prove. 8. Le mando l'offerta via fax. 9. Grazie a un attento testimone, il ladro è stato arrestato. 10. La villa si trova un po' fuori paese. 11. Ci diamo del tu. 12. La sala (dei) professori si trova accanto alla segreteria. 13. La margarina viene spesso usata al posto del burro. 14. Per l'escursione abbiamo pagato 40 euro a testa. 15. Prendo il caffè senza zucchero. 16. Ce l'abbiamo fatta nonostante/malgrado grandi difficoltà. 17. Secondo il rapporto dell'autopsia, si tratta di suicidio. 18. A causa del maltempo, la gita è stata annullata. 19. Camminavamo lungo il fiume quando sentimmo delle grida. 20. Tra lui e i suoceri c'è un buon rapporto. 21. Oltre all'inglese, parla francese e spagnolo. 22. Sto imparando il tedesco da tre anni. 23. (A partire) dalla prossima settimana lavorerò a Palermo. 24. Il parco si trova al di là/dall'altra parte del/oltre il fiume.

25. Camicette a partire da 20 euro/da venti euro in su 26. L'assassino ha potuto essere condannato in base alle/sulla base delle prove esistenti. 27. Il conto deve essere/va pagato/saldato entro un mese. 28. In seguito alle/A causa delle forti piogge, questi sentieri sono diventati impraticabili. 29. Contro ogni aspettativa, non ha superato l'esame. 30. Si tratta di una richiesta da parte della nostra banca. 31. Non ho mai viaggiato in autostop/fatto l'autostop.

MIX

Papier | Fördert
gute Waldnutzung

FSC® C083411

Zeitfracht Medien GmbH
Ferdinand-Jühlke-Straße 7
99095 Erfurt, Deutschland
produktsicherheit@kolibri360.de